# 바로 지금,
# 청소년 인권을
# 말하다

# 바로 지금, 청소년 인권을 말하다

## '어린 것들'이 존중받는 세상을 꿈꾸며

청소년인권운동연대 지음 지음

루아크
RUACH

많은 사람이 "아이들을 위해 좋은 세상을 만들자" "좋은 어른이 되자"라고 이야기한다. 그런데 현실은? 청소년을 비롯한 어린 사람이 겪는 차별과 폭력은 오랜 시간 반복되어왔을 뿐 아니라 지금도 계속되고 있다. 그동안 우리 사회에 '좋은 어른'은 없었던 걸까?

한국 사회에서 소수자들의 저항은 '별것 아닌 일'로 취급받곤 한다. 청소년 누군가가 학교에서, 집에서, 일터에서 무시당하거나 부당한 대우를 받으면 사람들은 안타까워하면서도 "세상은 원래 그런 곳이야"라고 넌지시 타이를 뿐이다. 두발이나 복장 같은 용모를 단속하거나 차별하는 학교 문제, 노동자가 청소년이라는 이유로 하대하는 일터 문제, 가족 안에서 일어나는 사생활 침해 문제 등을 이야기하면 '겨우 그런 일로?' 식의 반응이 돌아올지도 모른다. 그러다 청소년 인권을 보장해야 한다고 목소리를 내면 '버릇없는 애들' 취급을 당하거나 누군가에게 '선동당했다'며 의심의 눈초리를 받아야 한다. 어떤 사람은 청소년기에 겪는 부당한 처우는 시간이 지나면 해결되니 지금은 그냥 감내하라고 말한다.

때로 어떤 사안에 대한 문제 제기나 요구는 아예 논쟁거리조차 되지 않는다. 그저 사소한 일로 치부되면서 사회적으로 토론할 기회조차 주어지지 않는 것이다. 청소년을 비롯한 소수자들이 겪는 차별과 폭력을 사회적으로 해결하려는 시도는 먼 훗날로 쉽게 미뤄지기도 한다. 그저 몇몇 심각한 학교·시설·현장만의 문제로 바라보거나 '운이 없었던 일'이라는 인식 속에 사회구조가 만들어낸 문제가 아닌 개별 사례로 흩어버리는 것이다. 소수자들에 대한 인권침해는 늘 이런 식으로 반복되어왔다.

이 책은 '청소년인권운동연대 지음'의 활동가들이 함께 쓴 것이다. 2018년부터 온라인 플랫폼에 정기적으로 기고한 글들 중 함께 나누고 싶은 이야기들을 가려 뽑았다. 여전히 해결되지 못하고 있는 학생인권·경쟁교육 문제들, 노키즈존·성교육 논란 같은 사회적으로 이목을 끌었던 일들, 청소년 인권 논의에서 상대적으로 덜 주목받았던 이슈들을 새로운 관점으로 바라보고자 했다. 다시 말해 이 책은 청소년 인권 담론을 여러 사람과 보다 폭넓게 공유하기 위한 시도다.

청소년 인권의 신장을 가로막는 논리의 뿌리를 찾다 보면 '어린 사람은 미성숙·부족하다'라는 인식과 마주한다. 속된 말로 '어린 것들' '머리에 피도 안 마른 것들'이라는 표현이 상징하는 인식이다. 이를 두고 누군가는 '성숙한 청소년도 있다' '어린이라고 해서 모두 미숙한 것은 아니다'라고 맞받기도 한다. 이런 대화의 맹점은 그 저변에 '성숙해야만 인권을 누릴 수 있다'는 생각이 깔려 있다는 점이다. 그런데 인권은 성숙한지, 미성숙한지를 따져 보장하는 게 아니지 않은가. '성숙하다고 인정되는 존재만 인권을 누릴 자격이 있다'라고 말하는 세상 질서를 과감히 부수고 바꿔나가는 것, 이것이 청소년인권운동이 가고자 하는 길이다. 이를 위해 좋은 어른이 많은 세상이 아니라 나쁜 어른을 만나더라도 두렵지 않은 세상, 어린 사람을 함부로 대할 수 없는 세상, 어린이·청소년 스스로가 힘을 갖고 차별과 폭력에 맞설 수 있는 세상을 만들어나가려 한다.

'어린 것들'과 동료 시민으로서 함께 사는 사회를 꾸리기 위한 여정에 많은 이의 관심이 모였으면 좋겠다. 이 책을 읽고 권하는 것도 이 운동에 힘을 보태는 일일 것이다.

　우리 운동을 통해 누군가의 어린 시절이 행복해질 수 있기를, 나아가 모든 사람이 인생의 어느 시기에서도 인권을 포기하지 않을 수 있기를 바란다.

2023년 10월
청소년인권운동연대 지음

## 차례

## 1장 어린 사람은 아랫사람이 아니다

## 2장 미래 세대이기를 강요받는 청소년들

## 3장 학생인권과 교육권의 회복을 꿈꾸며

1장

# 어린 사람은 아랫사람이 아니다

# "어린이에게 경어를 쓰시되 늘 보드랍게 하여주시오."

'어린 사람은 아랫사람이 아니다' 캠페인

2022년 5월은 '어린이날 100주년'이었다. 어린이날 선포 등 한국의 소년운동이 국제연맹의 '아동인권선언'보다 더 앞선 선구적 운동이었음을 부각시키며 100주년을 기념하는 목소리가 많았다. 어린이날 100주년 기념 행사가 여러 곳에서 열렸고 각종 기념상품도 쏟아져 나왔다. 하지만 과연 100년 전에 이야기했던 문제의식을 한국 사회가 오늘의 과제로 진지하게 받아들이고 있는지는 짚어볼 필요가 있다.

### 100여 년 전 어린이날에는 무엇을 이야기했을까?

1922년 5월 1일, 천도교소년회 주도로 시작된 어린이날

운동은 어린이를 존중하며 억압으로부터 해방시켜야 한다는 주장을 담고 있었다(이때 어린이란 '어른'과 대비되는 미성년자, 아동 전반을 가리킨다). 일 년 뒤인 1923년 5월 1일에는 여러 소년운동단체가 연합해 조선소년운동협회를 결성하고 한층 더 크게 '제1회 어린이날 행사'를 한 번 더 열었다. 어린이날 행사에서는 서울 거리에 "어린이 해방"이라고 쓰인 깃발을 걸고 선언문을 배포하며 종로 일대에서 가두행진을 했다. 당시 언론에서는 "마침내 어린이를 인간답게 대우하고 존중하자는 날이 왔다"라고 취지를 설명했다.

그러나 현재 한국 사회에서 어린이날의 의미는 그저 '어린이를 아끼고 사랑하자' '어린이날에는 어린이에게 선물을 주고 잘 놀아주자' 정도에 머물러 있는 듯하다. 물론 100여 년 전 어린이날의 주장을 돌아보는 언론 기사가 없지는 않았지만, 대체로 역사적 사실을 조명하는 데 그쳤을 뿐 오늘의 사회 의제로 공론화하지는 못했다. 이른바 '100여 년 전 어린이날의 주장이 오늘의 한국 사회에서는 잘 실현되고 있는가?' '우리는 무엇을 해야 하는가?'와 같은 논의나 실천에는 큰 관심이 없었다.

1922년 어린이날에 발표된 선언문과 1923년 어린이날에 발표된 '소년운동의 기초 조항'은 이런 내용으로 시작한다.

어린이를 재래의 윤리적 압박으로부터 해방하여 완전한 인격적
예우를 허하라.

여기에서 '재래의 윤리적 압박'이란 다름 아닌 '어른에게
순종해야 한다'는 규범, 곧 장유유서長幼有序 같은 나이주의적
차별을 가리킨다. 100여 년 전 어린이날에는 '나이에 따른 권
력관계와 수직적 문화를 없애고 어린이를 동등한 인격체로
대우하자'라는 것을 제1의 과제로 삼았던 것이다.

또 1923년 어린이날에 발표한 '어른에게 드리는 글'에는
"어린이를 내려다보지 마시고 치어다보아주시오" "어린이에
게 경어를 쓰시되 늘 보드랍게 하여주시오"라는 말이 앞부분
에 올라 있다. 나이 어린 사람을 아랫사람으로 대하지 말 것,
존댓말을 사용할 것을 공식 발표한 것이다. 이 역시 어린이에
게 완전한 인격적 예우를 하라는 선언이 구체화된 것으로 볼
수 있다. 참고로 1923년 어린이날에 어린이들에게 당부하는
글 중에는 "어른들에게는 물론이고 당신들끼리도 서로 존대
하기로 합시다"라는 내용이 있어서 어린이·청소년 사이에서
의 나이주의적 위계마저 없애고자 했음을 알 수 있다.

## 어린이를 존중해달라는 요구를 거부하는 현실

한국 사회에서는 오늘도 어린이·청소년이나 나이 어린 사람에게 반말을 하거나 하대하는 모습을 심심찮게 접할 수 있다. 〈어린이과학동아〉가 2022년 초등학생을 대상으로 실시한 설문조사에서도 어린이날 선언 7개 조항 중 "어린이에게 존댓말을 쓰고 부드럽게 대해주세요"가 잘 지켜진다는 응답이 50.1%에 그쳐 가장 지켜지지 않는 조항으로 꼽혔다. 100여 년 전 어린이날의 요구 중 "잠자는 것과 운동하는 것을 충분히 하게 하여주시오" 역시 세계적으로 긴 학습시간과 짧은 수면시간 앞에서 무색한 말이 되어버렸다.

모두가 어린이들을 위하고 아껴야 한다는 데는 동의를 표한다. 그럼에도 많은 사람이 어린이·청소년을 동등한 인격체로 존중하라는 말에는 반감을 보인다. 어린이·청소년이 부모나 교사, 어른을 공경하고 순종해야 한다는 등 '재래의 윤리적 압박'을 재생산하는 주장은 아직도 잘못된 구습으로 평가받지 않는다. 체벌 금지 같은 어린이·청소년을 동등하게 존중하고 인권을 보장하라는 요구나 정책이 사회질서를 무너뜨린다고 믿는 사람도 드물지 않다.

어린이·청소년이 가장 많은 시간을 보내며 생활하는 학교에서도 어린이·청소년에 대한 경어 쓰기 등 인격적 예우 요구는 끊임없이 반대에 가로막히고 있다. 2003년 MBC 예능 프로그램 〈느낌표〉에서 수업시간에 경어를 사용하는 교사를 소개한 적이 있는데, 언론과 교사단체 등으로부터 '교권 추락'이라며 반발을 사기도 했다. 그 뒤 시간이 흘러 '수업시간에 다수 학생을 상대할 때만이라도 교사가 경어를 쓰는 것이 좋지 않을까?'라는 인식이 널리 퍼졌지만 이 문제는 여전히 당연한 윤리라기보다는 교사의 재량에 달려 있다. 더구나 수업 중이 아닐 때, 교사와 학생이 일대일로 대화할 때도 경어를 쓰는 예는 더욱 찾기 어렵다.

2021년 6월, 전국교직원노동조합(이하 전교조) 여성위원회는 청소년인권운동연대 지음의 '어린 사람은 아랫사람이 아니다 – 일상 언어 속 나이 차별 개선 캠페인'을 소개하면서 전교조 내에서 함께 실천하자고 제안한 바 있다. 이 캠페인은 100여 년 전 어린이날의 정신을 이어받아 "나이 어린 사람에게 반말, 하대를 하지 마십시오" "공식적인 자리에서 나이 어린 사람을 부를 때 존칭(○○님, ○○씨 등)을 사용하십시오" "어린이·청소년의 몸이나 물건 등에 함부로 손대지 마시고 존중하십시오" 같은 주장을 펼쳤다. 그러자 보수 언론에서는 '전교조가 학생에게 존칭을 쓰자고 한다'라며 부정적 논조의 보도를 내놓았다. 학생에게 경어나 존칭을 쓰자는 것이 지나치고 부자연스럽다는 부정적 반응들 위주로 소개하며 교육 현장에 혼란을 불러일으킬 것이라고 비판한 것이다. 100여 년 전 어린이날의 요구조차 따라가지 못하는 한국 사회와 언론의 수준이 드러난 셈이다.

## 경어와 존칭 쓰기부터 시작하자

어린이날을 기념하고 '아이들을 위해' 무언가를 해야 한다고 목소리를 높이면서 어린이·청소년에게 존댓말을 쓰고 '○○님'이라고 존칭하는 것은 거부감이 들고 지나치다고 반응하는 모습은 한국 사회가 가진 어린이·청소년에 대한 인식의 한계를 보여준다. 어린이날은 처음 만들어질 때부터 단순히 어린이를 귀여워하고 예뻐하자는 날이 아니었다. 평소에는 다른 사람에게 존댓말을 쓰고 예의를 갖추는 게 인격 존중이라고 느끼면서 나이 어린 사람, 어린이·청소년에게는 일방적으로 반말을 쓰고 격식을 갖추지 않아도 된다고 생각하는 것은 그 자체로 사회적 차별이다.

청소년인권운동연대 지음은 '어린 사람은 아랫사람이 아니다' 캠페인을 통해 어린이·청소년에 대한 나이 차별적 언어 문화를 지적하고, 어린이·청소년에 대한 혐오나 편견이 담긴 말을 비판하는 소책자를 발간하기 위해 크라우드펀딩을 진행한 적이 있다. 1922년 어린이날에 "어린이를 재래의 윤리적 압박으로부터 해방하여 완전한 인격적 예우를 허하라"라고 요구했던 것이 오늘의 문제의식으로 계승, 발전된 것이 바로 "어린 사람은 아랫사람이 아니다"라는 표어다.

어린이날이 만들어진 지 100여 년이 지났다. 이제는 어린이·청소년을 어른과 다른 아랫사람, 반말을 하거나 하대해도 되는 사람으로 여기는 문화가 차별적 악습임을 한국 사회가 인정할 수 있기를 바란다. 다른 무엇보다 '어린이·청소년에게도 경어와 존칭 쓰기'부터 한국 사회가 공식 의제화하고 실천에 나설 수 있기를 희망한다.

# 표는 없어도
# 말은 할 수 있어야 한다

청소년 선거운동 금지조항에 관하여

2020년 21대 국회의원 선거 당시, 부산의 한 청소년이 거리에서 피켓을 들고 원외 정당 노동당에 투표해달라고 호소했다. 선거 직후 그 청소년은 '공직선거법'을 위반했다며 경찰 조사를 받았다. 그리고 8월, 노동당 부산시당위원장은 청소년에게 선거운동을 하게 했다는 혐의로 기소돼 1심에서 100만 원의 벌금형을 선고받았다.

한국의 '공직선거법'은 복잡한데다 이런저런 규제가 많다. 그래서 생각지도 못한 데서 선거법 위반 사례가 나오기도 한다. 그러나 이 사건은 성격이 다른 문제였다. 단지 현행 선거법이 '선거권이 없는 청소년(만 18세 미만)의 선거운동은 모두 불법'이라고 규정했기 때문에 벌어진 일이었다. 곧 그 학생이 만 18세 이상이었다면 아무 문제가 없었을 일인데, 오로지 나이가 문제였던 것이다.

## 청소년의 입을 막아온 악법

공직선거법 제60조는 "미성년자(18세 미만의 자를 말한다)"는 선거운동을 할 수 없다고 명기되어 있다. 그런데 여기서 '선거운동'이란 보통 떠올리는 것보다 훨씬 그 범위가 넓다. 후보자나 선거사무원의 조직적 선거운동만이 아니라, 시민들의 선거 관련 표현이나 참여가 모두 해당되는 것이다. 법에서는 선거운동을 "당선되거나 되게 하거나 되지 못하게 하기 위한 행위를 말한다"(제58조)라고 정의하고 있다. 어떤 후보가 당선되기를 바라는 마음으로 주변 사람에게 누구를 찍어달라고 말하기만 해도 선거운동이 되는 것이다. 인터넷 기사에 어느 정당은 이번 선거에서 망해야 한다고 주장하는 댓글을 달아도 선거운동이다. 비록 "선거에 관한 단순한 의견 개진 및 의사 표시"는 예외로 한다는 조항이 있지만, 그 '단순한' 의견 개진이나 의사 표시가 대체 어디까지인지는 불분명하다. 일단 선거관리위원회의 해석과 판례로는 어느 후보가 꼭 되어야 한다거나 어느 정당에 표를 달라는 내용을 게시하는 것은 확실하게 선거운동에 해당한다.

이처럼 너무 포괄적으로 규정된 선거운동 개념은 진작부터 비판을 받아왔다. 선거법의 여러 규제와 맞물려 시민의 표현의 자유를 지나치게 위축시키기 때문이다. 곧 공직선거법에 따라 만 18세 미만의 청소년은 선거운동을 아예 할 수 없다. 그러니 사실상 선거 기간만 되면 청소년들은 선거에 관련된 정치적 표현을 거의 하지 못한다고 봐도 과언이 아니다(현실적으로 선관위가 인지해 조치할 가능성은 낮지만). 청소년은 가족이나 지인에게 어느 후보를 찍어달라고 이야기하기만 해도 불법이 된다. 공개 지지 선언 같은 것에 참여할 수 없는 것은 물론이다.

일견 황당해 보이는 이 악법이 실제 위력을 발휘한 것도 여러 차례다. 예컨대 2007년 대통령 선거를 앞두고 중앙선거관리위원회는 선거 관련 인터넷 UCCUser Creative Content에 대한 기준을 발표했는데, 그중에는 "청소년은 선거운동을 할 수 없으므로 UCC를 만들거나 게시할 수 없다"라는 내용이 있었다. 2012년 19대 국회의원 선거를 앞둔 3월에는 한 청소년이 서울 '관악을' 지역 후보 단일화 과정에서 특정 정당 후보에게 투표해달라는 게시글을 트위터에 올렸다가 선관위로부터 삭제 요구 등 제재를 당한 사건이 일어났다. 2018년 지방

선거에서는 몇몇 청소년이 청소년의 정치적 권리를 억압하는 선거법을 비판하며 "나는 가족에게 어느 정당, 어느 후보를 찍어달라고 했다. 그럼, 나는 선거법을 위반한 셈이니, 자수한다"라는 내용의 게시글을 페이스북에 올렸다가 선관위로부터 경고와 삭제 요구를 받았다. 그중 인천의 한 청소년은 선관위로부터 고발당해 경찰 소환 조사를 받기도 했다. 나이가 적다는 이유로 선거에서 특정 정당이나 후보를 지지한다거나 반대한다고 말할 수 없는 것인데, 이것이 한국의 현실이다.

### 선거권은 만 18세로 확대되었지만…

2019년 12월, 선거권 제한 연령 기준을 만 19세에서 만 18세로 낮추는 법 개정안이 국회에서 통과되었다. 이에 따라 2020년 총선은 10대·청소년이라 불리는 이들 중 일부라도 참여할 수 있는 첫 선거로 치러졌다. 사실 선거운동 금지조항도 이전까지는 만 19세 미만 청소년에게 적용되었던 것인데, 선거권이 만 18세로 확대되면서 선거운동 관련 기준 역시 만 18세로 완화된 것이다. 그러나 청소년 선거운동 금지조항 탓에 청소년 참정권 확대의 첫걸음인 만 18세 선거권의 의미가 퇴색된 면이 있다.

다시 말해 청소년들의 집단적 정치 참여가 여러모로 발

목을 잡히고 있는 것이다. 공직선거법 제87조는 "구성원의 과반수가 선거운동을 할 수 없는 자로 이루어진 기관·단체"는 단체나 대표의 명의로 선거운동을 할 수 없다고 말한다. 이는 청소년이 주된 회원인 단체들의 각종 선거 관련 활동을 매우 어렵게 만든다. 후보자나 정당 관계자를 초대해 정견을 묻거나 요구를 전달하는 대담·토론회를 여는 것 역시 금지되어 있다.

가령 어느 고등학교 학생회에서 교육감 후보들을 초대해 교육정책에 대한 토론을 하려 하면 불법이 된다. 설령 학생회장이나 임원이 만 18세 이상이더라도 마찬가지다. 왜냐하면 학생회칙상 학생회의 회원은 '전교 재학생'으로 되어 있고, 따라서 고등학교 학생회 구성원은 과반이 만 18세 미만, 곧 선거운동을 할 수 없는 청소년인 셈이기 때문이다.

만 18세 유권자 가운데 고등학생이거나 10대·청소년 신분인 이들의 경우 생활하는 공간이나 소속된 단체 등은 고등학생들의 모임이거나 청소년단체일 가능성이 높다. 그러나 청소년 선거운동 금지조항 때문에 단체 차원에서의 선거 관련 활동은 대부분 할 수 없게 막혀 있다. 만 18세 선거권이 시행되었음에도 청소년의 목소리를 선거의 장에서 알리고 이야기하기에는 너무나 제약이 많은 것이다.

또 만 18세가 되는 생일이 지난 이후에야 선거운동을 할 수 있기 때문에 학교 같은 공간에서 선거에 관련된 정치적 발언을 하거나 활동하는 일이 위축되는 문제도 발생한다. 예를 들면, 한 교실에서도 생일이 지나 만 18세가 된 청소년은 선거운동을 할 수 있고, 아직 생일이 지나지 않은 청소년은 선거운동을 할 수 없다. 선거법 때문에 자유로운 토론의 기회나 공정한 발언 기회를 가질 수 없는 셈이다.

게다가 이런 비상식적인 법 탓에 오해가 생겨 사람들이 더욱 주눅들기도 했다. 만 18세 미만인 청소년들을 대상으로 선거운동을 하는 것도 금지되는 것 아니냐는 오해가 제법 많은 것이다. 현행 선거법은 청소년'이' 선거운동을 하는 것은 금지하지만 청소년'에게' 선거운동을 하는 것, 예컨대 청소년들이 듣는 자리에서 지지를 호소한다거나 청소년에게 후보자가 명함을 주는 일 등은 금지하지 않는다. 그러나 청소년 선거운동 금지조항에 여러 사회적 고정관념이 얽혀 있어서 주로 청소년들이 있는 곳(고등학교나 등하굣길 등)에서는 선거에 관한 활동을 해서는 안 될 것만 같은 잘못된 인식이 생기곤 했다. 중앙선거관리위원회가 '학교 내외'에서의 선거운동 금지 여부를 거론하며 국회에 보완 입법을 요청한 것도 이런 오해를 부추겼다. 이처럼 청소년이라서 정치나 선거에 관련되어서는 안 될 것만 같은 거부감, 청소년에게 그런 내용을 알려서는 안 될 것만 같은 두려움이야말로 청소년 선거운동 금지조항 같은 악법이 초래하는 부정적 효과라고 할 수 있다.

## 청소년도 민주주의 사회의 구성원이라면

이런 경우를 상상해본다. OOOO년 지방선거에서 어느 지역 교육감 후보가 '학생들은 좀 맞아야 정신을 차린다, 요즘 애들 머리 기르는 것 보면 다 불량 청소년 같아서 너무 싫다, 학생인권조례를 폐지하고 옛날처럼 밤 11시까지 공부시켜야 한다'라는 발언을 했다. 아마 대다수 청소년이 분개할 것이다. 그들은 SNS에 그 후보를 비판하는 반대 의견을 쓰기도 할 것이고, 그 후보의 낙선을 요구하는 게시물을 공유하기도 할 것이다. 아주 자연스러운 반응이다. 하지만 현행 선거법대로라면 그 청소년들은 모두 불법 선거운동을 한 범죄자가 될 수도 있다.

공직선거법은 시민의 언론·표현의 자유를 제한하고 있는 셈이다. 민주주의의 밑바탕은 구성원들이 정치적 의견을 밝히고 정당이나 후보를 비판 또는 지지하는 등의 표현의 자유를 보장받는 것이다. 헌법재판소 역시 선거운동의 자유에 대해 자유롭게 의견을 형성하는 것이 선거권의 전제가 된다고 그 의의를 인정한 바 있다. 따라서 사람들의 말을 틀어막고 위축시키는 선거법은 전면 개정되어야 하는 것이 맞다. 특히 나이가 적다는 이유로 기본 인권인 정치적 표현의 자유를 박탈하는 것은 결코 정당화될 수 없다. 청소년도 민주 사회의 시민으로 인정한다면 말이다.

선거권 제한 연령 기준의 문제와는 별개로 선거운동 나이 제한은 폐지되어야 마땅하다. 선거권 연령과 선거 관련 정치적 표현을 허용하는 연령이 일치해야 할 필연적 이유는 없다. 투표 참여도 할 수 없는데 말까지 못하게 하는 것은 이중의 배제일 뿐이다. '만 18세 선거권' 이후의 과제로 정부와 국회는 한시라도 빨리 만 18세 미만 청소년의 선거운동 금지, 정당 활동 금지 같은 적폐 법률들을 개정하기 바란다. 그래서 앞서 언급한 21대 총선 과정에서 기소된 노동당 당직자도 처벌을 면할 수 있기를, 나아가서는 앞으로 있을 여러 선거에서 청소년들의 참여가 더욱 활성화되기를 희망한다.

청소년들이 교육감 후보를 비판했다고 선관위로부터 경고와 고발을 당하는 모습 대신 청소년들이 교육감 후보 지지 선언 등의 형태로 자기 목소리를 내는 모습이 현실이 되는 것을 상상해본다. 청소년들이 만든 단체, 학생회가 경쟁과 차별로 뒤틀린 교육제도를 비롯해 여러 청소년 인권 현안에 대해 공약을 내놓으라고 대통령 후보들에게 요구하고, 공약을 평가하며, 지지할 후보를 결정하는 모습을 그려본다. 유권자들이 그런 청소년들의 말에 귀 기울이고 자신의 선택을 진지하게 고려한다면, 한국 사회의 민주주의는 또 한발 나아갈 수 있을 것이다.

# 이동권은 모든 사람의 것, 어린이도 교통 약자입니다

## 이동권은 누구나 보장받아야 할 보편적 권리다

초등학교에 다니던 어린이 시절, 처음으로 혼자 버스를 타고 시내에 나갔던 적이 있다. 이유는 잘 기억나지 않지만 다른 사람이 같이 가줄 수 없어서 혼자 볼 일을 보러 간 것이었다. 버스를 타고 30분 정도 가면 도착하는 곳이었는데, 출발하기 전에 버스 번호와 정류장 이름을 메모지에 적어 가지고 가는 등 단단히 채비를 했던 기억이 난다. 긴장감과 설렘이 공존했던 그날은 내가 기억하는 처음으로 혼자 한 외출이었다.

그 이후로 초등학교 시절 혼자 이동해본 경험은 손에 꼽는다. 어딜 가든 어른들과 함께였고, 학교에서는 교사가 동행

했다. 친구들과 밖에서 놀 때도 동네 놀이터를 벗어나본 적이 거의 없었다.

청소년일 때는 다닐 수 있는 곳이 한정되어 있었는데, 어딘가 가고 싶어도 갈 수 없는 상황이 일상이었기 때문이다. 일단 돈과 시간이 없었고, 부모님이 통금 시간을 정해두어서 학교나 학원이 끝나자마자 집으로 가야 하는 친구들도 있었다. 집, 학교, 학원 등 어른들이 정해준 장소가 아닌 곳들은 허락되지 않는 삶이었다. 학년이 올라갈수록 다닐 수 있는 공간과 자유롭게 누릴 수 있는 시간은 더 줄어들었다. 학교에서 보내는 시간이 거의 10시간에서 12시간 가까이 되어서다.

그러다 고등학교를 자퇴하고 탈학교 청소년이 되었다. 학생일 때보다는 여러 면에서 여유로워졌지만 그렇다고 해서 어디든 자유롭게 다닐 수 있었던 것은 아니었다. 낮에 길을 걷다 보면 나를 이상하게 바라보는 사람들의 시선을 많이 받아야 했다. 청소년이 혼자 어딘가를 돌아다니는 게 이 사회에서 받아들여지지 않는다는 느낌이었다.

### 장애인 이동권 투쟁과 어린이·청소년의 이동권

예전 기억을 떠올리게 된 건 2021년 겨울부터 다시 시작된 전국장애인차별철폐연대의 지하철 출근길 투쟁을 보면서

였다. 장애인운동은 지난 20여 년 동안 모든 장애인이 이동에 불편함이 없도록 장애인 이동권 보장을 요구해왔다. "장애인도 버스를 타자"라고 외치며 수년에 걸쳐 투쟁한 결과 지하철역 엘리베이터 설치, 장애인 콜택시 운영, 저상버스 도입 같은 변화를 만들었다. 또 "모든 교통수단, 여객시설 및 도로를 차별 없이 안전하고 편리하게 이용하여 이동할 수 있도록 이동편의시설을 확충, 사람 중심의 교통체계 구축"을 명시한 '교통 약자의 이동편의증진법'(교통약자법)도 제정되었다.

이 법에서 '교통 약자'란 장애인, 고령자, 임산부, 영유아를 동반한 사람, 어린이 등 일상생활에서 이동에 불편을 느끼는 이들을 말한다. 장애인 이동권 투쟁을 접하면서 어린이·청소년으로서 겪은 이동이 자유롭지 못했던, 불편했던 경험을 떠올리게 된 것은 자연스러운 일이었는지도 모른다.

그렇다면 또다른 교통 약자인 어린이·청소년들의 이동권은 얼마나 보장되고 있을까? 유럽에는 '어린이의 독립 이동성'이라는 개념이 있다. '독립 이동성'이란 "어린이들이 어른들의 감독 없이 동네나 도시를 돌아다닐 수 있는 자유"를 말한다. 2018년 발간된 '어린이의 독립 이동성Children's Independent Mobility'에 관한 한 논문Isabel Marzi & Anne Kerstin Reimers에서는 "지역 내 독립적 이동성을 촉진하기 위해서는 아동이 스스로 다닐 수 있는 아동 친화적 환경이 조성될 필요가 있다"라고 서술하고 있다.

한국은 충분히 아동 친화적 환경일까? 또다른 사례를 살펴보자. 2019년, 초록우산어린이재단에서 지역사회 곳곳에 있는 아동 차별적 요소를 점검하고 개선하기 위해 '별의별 탐험대' 캠페인을 진행했다. '별의별 탐험대'는 공공장소에서의 차별 문제를 발견하고 이를 알리는 활동이었다. 캠페인 결과를 소개한 '아이들의 눈높이에서 바라봐주세요' 게시물에 따르면 아동도 매일 함께 이용하지만 어른만을 고려해 설계된, 아동 차별적 요소가 가장 많았던 곳으로 공중화장실, 대중교통, 학교 등이 꼽혔다.

예를 들어, 공중화장실 세면대와 가방걸이, 변기의 크기와 거울의 높이, 버스나 지하철의 손잡이와 입구의 봉 위치, 상점 진열대와 음식을 주문하는 곳의 접근성 등 대부분의 시설이 모두 '어른'의 신체에 맞춰져 있었다. 상대적으로 몸집이 작은 어린이에게는 시설들이 너무 높거나 컸다. 긴급 전화, 소화기, 비상벨마저 다 높은 위치에 있어서 위급한 상황이 생겼을 때 도움을 요청하기가 쉽지 않다. 이런 실태를 살펴보니 한국 사회의 환경이 얼마나 '비장애인'과 '비청소년' 중심으로 설계되어 있는지 알 수 있었다. 특히 지하철이나 버스 등 대중교통이 편안하지 않다면 일상에서 어려움을 겪을 수밖에 없다.

교통 약자의 이동권을 저해하는 환경은 이뿐이 아니다. 너무 빨리 바뀌는 보행자 횡단 신호등, 아직도 부족한 저상버스와 지하철역 엘리베이터, 제대로 관리되지 않는 시각장애인용 보도블록 같은 환경은 '비청소년'이나 '비장애인' 중 이른바 '평균적(이라고 여겨지는) 몸'을 갖지 못한 사람에게도 불편하다. 또 휠체어가 이동할 수 없는 길은 유아차도 다니기 어려울 수밖에 없다. 그런 점에서 한국 사회는 태어나서부터 이동권이 가로막히는 사회인 셈이다.

## 어린이·청소년의 '독립 이동권'이 보장되는 사회

대중교통이 장애인이나 아동에게 친화적으로 만들어져 있지 않은 상황에서 그나마 일상에서 쉽게 접할 수 있는 것은 지하철이나 버스 안의 '교통 약자석'과 교통 약자에게 자리를 양보하고 배려해야 한다는 메시지 정도다. 그러나 어린이들의 경우에는 분명 교통 약자에 포함되는데도 자리를 양보하거나 배려받을 대상으로 여겨지지 않는다. 때로는 '어리고 젊다'는 이유로 고령자에게 자리를 양보하라는 압박을 받기도 한다. 이는 자리 양보가 어려움이나 위험을 겪는 사람들을 고려하는 시민사회의 윤리로서가 아니라, '노인 공경' 같은 예의의 문제로 받아들여진 오랜 역사가 있기 때문이다. 실제로 교통 약자석은 과거에는 "경로 우대석"이라 불렸고 지금도 일부 교통수단에는 "노약자석"이라는 명칭이 사용되고 있다. 한국 사회에 만연한 나이주의적 예의 개념이 다양한 교통 약자들의 문제를 지우고 있었던 것이다.

사람들의 배려와 시혜적 선의에 의존해서는 교통 약자들의 권리가 제대로 보장될 수 없다. 나의 이동할 권리가 타인의 시혜가 있어야만 보장된다면 온전한 인권 보장이라고 할 수 없기 때문이다. 따라서 모든 사람이 보다 안전하고 편안하게 이동할 수 있는 환경을 잘 갖추는 것이 최우선 과제다.

물론 사회 구성원 모두가 교통 약자를 비롯해 어려움을 겪는 사람들의 상황을 이해하고 배려하는 자세는 필요하다. 휠체어를 타는 사람이 버스에 탑승할 때 시간이 조금 걸리더라도 이를 당연하게 받아들이고, 혼잡한 차 안에서 장애인이나 환자, 어린이나 임산부가 먼저 안전한 자리와 위치에 자리할 수 있게 돕는 것이 한국 사회가 공유하는 윤리가 되길 바란다. 나이주의적 예의와 공경 개념에 한정되어 있던 '자리 양보' 문화는 사회적 소수자를 배려하고, 동료 시민의 취약성을 함께 돌보는 인권 친화적이고 연대적인 문화로 바뀌어야 한다.

"장애인은 장애를 가졌기 때문에 불편한 것이 아니라, 장애 친화적으로 구성되지 못한 사회에서 살고 있기 때문에 소수자·약자화된다"라는 말이 있다. 어린이·청소년도 마찬가지다. '별의별 탐험대' 활동에 함께했던 한 참가자는 "공공장소는 모든 사람을 위한 것인데, 그 안에 '아동'도 포함시켜달라"라고 이야기하기도 했다. 어린이·청소년이 포함되지 못하며 심지어는 '노키즈존'이라는 이유로 내쫓는 사회, 이런 환경은 아동의 독립 이동권만이 아니라 인권 전반을 위축시킨다.

어딘가를 갈 때마다 누군가의 허락이나 동행이 있어야 하고, 혼자 다니면 이상한 시선으로 쳐다보고, 외출할 때마다 시간이 너무 오래 걸려서 외출을 포기하게 만들고, 가게에 들어가려 했는데 존재 자체를 이유로 거부당하고, 자신이 필요할 때 원하는 곳으로 이동할 수 없는 삶이 지금도 너무 많다. 자유롭고 안전하게 이동할 권리는 이동의 자유나 여가 활동에 관한 권리일 뿐 아니라, 스스로 자기 삶의 주인이 될 수 있느냐, 아니냐의 문제와 직결될 수밖에 없다.

사회적 약자를 위한 시스템이 갖춰진, 소수자의 몸과 속도에 맞춰 지어진 공간은 다른 사회 구성원에게도 편하고 안전하다는 느낌을 줄 것이다. 반대로 말하면 어린이·청소년의 이동권을 통제하고 가로막는 사회는 모든 사람의 이동권을 보장하지 않는 사회라는 의미이기도 하다. 대중교통을 비롯한 공공시설은 모두에게 열려 있어야 하고, 누구나 자유롭게 출입하고 이용할 수 있어야 한다. 국가는 어린이·청소년, 장애인 등 사회적 소수자를 포함한 모든 사람이 편하고 안전하게 이용할 수 있는 알맞은 구조를 만들 책무가 있다. 장애인 운동의 투쟁으로 이동권이 더욱 이슈화된 지금, 모든 사람의 보편적 권리로서 '이동권'을 보장하기 위한 사회적 노력이 시작되어야 할 것이다.

# 'NO 노키즈존'의
# 세상을

'노키즈존' 논의에 왜
어린이·청소년의 권리는 빠졌을까?

'노키즈존'이 늘고 있다. 흔히 '어린 사람'이 입장할 수 없는 공간을 일컫는 말인데, '어린 사람'의 기준은 공간마다 다르다. 어떤 가게에서는 영유아 및 어린이(보통 14세 미만)의 출입을 금지하기도 하고, 또다른 곳에서는 청소년 및 중·고등학생의 입장을 제한하기도 한다. 카페나 식당 같은 공공장소에서 특정 나이를 기준으로 출입을 막는 일은 언제부터 생긴 걸까?

2019년 3월, 어린이 작가 전이수 님의 일기가 공개되면서 다시 한 번 노키즈존이 한국 사회의 쟁점으로 떠올랐다. 전 작가는 일기를 통해 동생의 생일을 맞아 찾아간 레스토랑에서 "여기는 노키즈존이야. 애들은 못 들어온다는 뜻이야"라며 출입을 거부당한 경험을 이야기했다. 이 일기는 여러 인터넷 기사와 온라인에서 언급되며 많은 사람의 관심을 불러일으켰다.

이전에도 노키즈존을 둘러싸고 찬반 논란은 있었다. 하지만 보통 '무개념 부모'의 문제를 지적하거나 '아이를 데리고 다니는 양육자들이 갈 곳이 없다'는 문제로 이야기되곤 했다. '아이들'은 부모가 데려왔다는 생각이 있기에 '부모들의 문제'로만 여겨진 탓이다. 따라서 노키즈존의 대상이 되는 어린이와 청소년들의 문제로는 잘 인식되지 않았다. 이 점에서 전 작가의 일기가 한국 사회에 던진 메시지는 주목할 만하다. "노키즈존 때문에 아이들이 상처받을 수 있다는 생각을 해본 적이 없었는데 다시 생각해보게 되었다"라는 반응은 지금까지 한국 사회가 노키즈존을 어린이·청소년의 권리에 관한 문제로 인식하지 않았다는 걸 보여준다. 이 일기는 "아빠! 왜 개와 유대인은 가게에 들어갈 수 없어요?"라는 문장으로 끝맺는다. 공공장소에서 어린이·청소년의 출입을 금지하는 것이 오래전 개와 유대인의 출입을 금지했던 차별과 비슷하다는 문제 제기를 한 것이다.

## 노키즈존은 어린이·청소년에 대한 차별

노키즈존을 영업 방침으로 삼는 업주들의 입장에 따르면 아이들이 가게 안에서 뛰다가 사고가 날 위험이 있다는 것과 아이들이 내는 소리가 시끄러워 다른 손님에게 방해가 된다는 것이 노키즈존 설치의 주된 이유다. 하지만 이는 우려일 뿐이다. 위험한 일이 일어날지도 모른다는 우려와 소란이 발생할 가능성을 그 집단 전체의 출입을 거부하는 이유로 삼을 수 있을까? 만약 아이들이 가게 안에서 뛰다가 사고가 날까 봐 걱정이 된다면, 뛰어다니는 아이에게 주의를 줄 수도 있고, 설령 사고가 나더라도 큰 위험이 되지 않도록 가게의 구조를 바꾸거나 모두가 안전하게 이용할 수 있도록 장비를 갖추면 된다. 만약 아이들이 내는 시끄러운 소리가 다른 손님에게 방해가 될까 봐 걱정이 된다면, 그 소음이 발생했을 때 적절한 대응을 하면 될 일이다. 그런데 왜 "특정 상황과 순간이 생기면 이렇게 대응합시다"라고 하지 않고 아예 출입을 금지하는 걸까?

일하는 사람에게 반말을 하거나 물건을 집어던지는 등 무례하게 구는 진상 손님을 일일이 대응하기 힘들다는 이유로 갑질을 자주 일삼는 사람들의 연령대를 특정해 "○○세에서 ○○세까지는 진상 손님일 것 같으니 들어오지 마십시오"

라고 주장할 수 있을까? 조용한 분위기를 유지해야 한다는 이유로 '목소리 큰 사람'의 출입을 막는 사례가 있는가?

2017년, 국가인권위원회는 식당에서 아동이나 아동을 동반한 손님의 출입을 금지한 것은 아동을 차별하는 행위라고 판단했다. 그러면서 '아동이 차별받지 않을 권리'가 '사업주들이 누리는 영업의 자유'보다 우선한다고 강조했다. 또 식당의 이용 가능성과 연령 기준의 합리적 연관성이 없으며, 식당을 이용하는 아동 중 일부가 산만하거나 무례한 행동을 한다는 이유로 아동 및 아동과 함께하는 사람들의 식당 이용을 전면 배제하는 것은 일부의 사례를 보고 과도하게 일반화하는 것이라고 봤다.

국가인권위원회가 판단한 것처럼 노키즈존은 결국 어린이·청소년에 대한 차별일 뿐이다. 하지만 한국 사회에서는 차별 행위에 대해 감당해야 하는 부담이 적기 때문일까? 여전히 영업의 자유라며 노키즈존을 당당하게 시행하는 곳이 적지 않다. 가게 안에서 일어날 수도 있는 사고나 소음 발생에 대응하기 벅차다는 이유로 '어린 사람'의 입장을 금지시키는 '손쉬운 방법'을 택한 것은 아닐까? 노키즈존이 어린이·청소년에 대한 차별이라는 사회적 인식이 부족해서일 수도 있지만 그것이 차별 행위임을 알면서도 차별을 줄이기 위한 방법을 고민하는 걸 대수롭지 않게 여긴다는 의심을 거두기 어렵다.

## 소음과 소란을 거부하는 사회

'노키즈존이 점점 늘어나는 또다른 이유는 노키즈존을 선호하는 사람이 많아져서이지 않을까'라는 질문을 던져본다. 굳이 가게를 운영하지 않더라도 노키즈존 설치에 찬성하는 이들도 있기 때문이다. 한국 사회는 어린이·청소년들이 몰려 있거나 뛰어다니는 것, 그중에서도 특히 우는 소리를 싫어한다. 카페나 식당을 이용할 때 시끄러운 소리가 나면 불쾌해하며 자신이 '손해를 봤다' '방해받았다'고 생각하기도 한다. 공공장소에서 발생하는 타인의 소리를 받아들이기 힘들어하는 것이다.

하지만 여러 사람이 이용하는 공간에서 다양한 소리가 발생하고, 다른 존재의 행동에 크든 작든 영향을 받게 되는 것은 자연스러운 일이다. 그렇다면 무엇이 문제일까? 주위의 소란스러움이 언제부터 '방해'로 여겨졌을까. 한국 사회의 소음에 대한 기준이 시간이 흐를수록 점점 까다로워지고 있다는 생각도 든다. 어쩌면 '한국 사회가 ○○ 소리와 행동은 받아들이면서 왜 ○○ 소리와 행동은 이질적으로 느끼며 불편해하는가'가 핵심 문제인지도 모른다. 같은 소리라 해도 '어른들'이 내는 소리는 크게 문제 삼지 않지만 '아이들'이 내는 소리에는 유독 눈살을 찌푸린다. 이런 점이 노키즈존 설치를 찬성하고 어린이·청소년에 대한 차별을 자신도 모르게 지지하게 되는 근거로 자리 잡은 건 아닐까?

몇 년 전, 어느 독서실에 붙은 포스트잇 문구가 화제가 되었다. "코 훌쩍거리는 소리가 너무 신경 쓰이니 자제 부탁드린다"라는 내용이었다. 코 훌쩍이는 소리만이 아니라 다리 떠는 소리, 가방 지퍼 여닫는 소리, 목소리 가다듬는 소리, 책장 넘기는 소리도 비슷한 지적을 받곤 한다. 이런 메시지에 공감하며 코 훌쩍임 등의 소리를 내는 사람들을 향해 '민폐충' '기본 에티켓도 안 지키는 사람'이라고 탓하는 반응이 있는가 하면, 한편에서는 '지나친 예민함도 민폐다' '그 정도도 못 참냐'라며 이런 메시지를 남기는 게 더 불편하다는 반응도 있다. 이런 갈등에 대처하기 위해 '소음 규정'을 만드는 독서실도 있다고 한다. 이와 같은 현상을 보며 한국 사회가 점점 다른 사람의 존재와 행동을 이해하기보다는 엄격해지고 민감해지고 있다는 느낌을 받곤 한다.

사람들은 한국 사회에서 먹고살기 힘들다는 이야기를 많이 한다. 스펙 경쟁과 각자도생을 강조하는 사회에서 타인은 경쟁상대로 보일 수밖에 없다. 그러다 보니 나의 작은 행동이 자칫 타인에게 꼬투리 잡히거나 방해가 될 수 있다는 의식이 자리 잡았다. 그뿐 아니라 타인의 어떤 행동이나 실수가 민폐로 여겨진다. 사람들은 서로에게 영향을 끼치는 일 자체를 꺼리며 다른 존재를 쉽게 받아들이지 못한다. 타인이 내는 소음과 소란에 대한 거부감이 점점 커질 수밖에 없다. '다른 사람에게 방해가 되는' 존재와 소리는 배제해야 마땅하다는 감각도 점점 널리 공유되고 있다. 결국 이런 사회적 감각들이 노키즈존을 지지하는 기반이 된 건 아닐까.

## 유엔아동권리위원회,
## "한국은 아동을 혐오하는 국가인 것 같다."

2019년 한국 정부에 대한 유엔아동권리위원회의 사전 심의가 진행되었다. 유엔아동권리위원회에서는 한국 사회의 어린이·청소년 인권 실태와 이를 통해 주요하게 짚어야 할 목록을 쟁점화해 다뤘다. 그중에는 노키즈존 문제도 포함되어 있었다. 한 위원은 한국 사회에서 점점 늘어가는 노키즈존을 비롯한 여러 어린이·청소년 인권 실태를 두고 "전반적으로 한국은 아동을 혐오하는 국가라는 인상을 받았다"라고 말했다. 사실 노키즈존 문제는 2019년에만 다뤄진 주제는 아니다.

2013년, 유엔아동권리위원회는 다음과 같이 일반 논평을 발표한 바 있다.

아동이 놀이, 오락 그리고 그들만의 문화적인 활동을 하기 위해 공공장소를 사용하는 것은 증가하는 공공장소의 상업화로 인해 방해받고 있으며, 그 공공장소로부터 아동들은 배제당한다. 더구나 세상의 많은 공공장소에서는 아동에 대한 관용이 감소하고 있다. 예를 들면 공공장소에서의 아동에 대한 출입금지, 커뮤니티나 공원의 닫힘, 소음에 대한 관용의 감소, '조건에 맞는' 놀이 태도를 엄격히 규정하는 놀이터, 쇼핑몰 접근 제한은 아동을 '문제'나 '비행자'로 인식하게 만든다.

－2013년 유엔아동권리협약 일반논평 17번 중에서

전이수 작가는 "어른들이 편히 있고 싶어 하는 그 권리보다 아이들이 가게에 들어올 수 있는 권리가 더 중요하다"라고 했다. 유엔아동권리위원회와 국가인권위원회가 말하는 바도 이와 비슷하다. 공공장소는 모든 사람에게 열려 있어야 한다. 돈을 내고 이용하는 상업시설도 공공장소이긴 마찬가지다. 그러나 노키즈존은 '어린 사람'이 공공장소에 입장할 권리를 차단한다. 이는 한국 사회가 지금까지 그래왔던 것처럼 어린이·청소년들에게 '공적인 장소·자리'를 허락하지 않는 현상과 연결된다. 한 명의 인간이자 시민으로서 그 존재가 드러나는 공간에 모습을 보이지 말라는 암묵적 메시지 같기도 하다. 결국 노키즈존은 어린이·청소년에 대한 차별이며 명백한 인권침해이자 어린이·청소년의 특성이라고 '짐작되는' 요소들을 싫어하고 배제해도 된다는 감각이 만들어낸 '어린이·청소년 혐오'다.

편안함을 방해한다는 이유로 특정 대상을 밀어내도 된다고 여기는 사람은 누구인가. 사회가 생각하는 모습대로 존재하지 않는다고 해서 배제당하는 사람은 누구인가. 공공장소는 다양한 사람이 이용하는 공간이다. 소란을 싫어하고 거부하는 사회, 소음에 대한 관용이 없는 사회, '공공장소를 이용하고 머무를 권리'보다 '방해받지 않고 조용히 있을 권리'가 우선되는 사회라면 그 사회는 어떤 사람이 살 수 있는 곳인가. 특정 사람에게만 허락된 공간은 '가진 사람'만 편하게 살 수 있는 세상과 닮아 있다. 공공장소에서 그 누구도 입장을 거부당하지 않아야 한다고 말하는 이유다.

누구나 공공장소에 들어가 머물고 누릴 수 있어야 한다. 어떤 모습이든, 어떤 정체성을 가졌든 자기 모습 그대로 존재할 권리는 시민의 기본 권리다. 어린이·청소년 역시 마찬가지다. 노키즈존이 늘어나고 있는 요즘, 어린이·청소년의 권리가 제대로 보장되고 있는지 다시금 묻지 않을 수 없다.

# '여성'과 '청소년'은 닮은꼴, 한 배에 탔다

여학생의 '우수함'은 차별의 결과일까?

언론에서 "여풍" 같은 말로 호들갑을 떠는 경우를 들여다보면, 그 실상은 여성이 거의 없던 분야나 직종에 여성 구성원이 40~50% 정도 진출하게 된 지극히 이상할 것 없는 상황을 묘사하는 일일 때가 많다. 그런데 과장된 호들갑이 아니라 명백하게 여성의 우세가 나타나고 있는 곳도 몇몇 있다. 그중 하나가 바로 학교, 교실이다.

교사 성비만의 이야기가 아니다. 최근 몇 년 동안 여학생들이 남학생들보다 수능시험을 비롯해 학업 성적에서 더 우세하다는 각종 통계가 꾸준히 나오고 있다. 과거 남녀공학에서는 남학생들의 성적이 너무 뒤떨어진다는 이유로 학교장의 재량으로 남녀 학생 성적을 분리해 따로 매긴 적도 있다. 이런 성적 분리 산출은 2007년부터 금지되었다. 학교생활에서도 여학생들은 더 '모범적'인 모습을 보이는 경향이 있다. 따라서 교사들 사이에서는 여학생 반 또는 여학교를 선호하는 풍조가 공공연하다. 특히 중·고등학교에서는 남학생에게 농담 섞어 '짐승 같다'는 형용어를 붙이며 여학생이 관리나 지도 면에서 편하다고 말하는 교사들도 있다.

## 성차별의 결과

이와 같은 현상의 원인에 대해 그간 여러 해석이 제시되어왔다. 가령 여성이 남성보다 전두엽이 더 크다는 식의 생물학적 설명이 있다. 반대로 성별에 따른 뇌의 유의미한 차이는 없다거나 성별에 따른 집단적 차이가 있더라도 그리 크지 않다는 연구도 있다. 그렇기에 생물학적 요소의 영향이 있다 하더라도 단순히 그것만이 원인이라고 단정 지을 수는 없다.

여학생들의 학업 성적이 더 좋은 것은 역설적이게도 성차별의 결과라는 해석도 있다. 현재 한국 사회에서 성별에 상관없이 인정받고 칭찬받을 수 있는 대표 영역이 공부이고 시험 성적이기 때문이다. 성차별이 엄존하는 사회에서 여성들은 살아남기 위해 더 열심히 노력하고 더 좋은 성적을 내야 한다는 압박을 직간접적으로 받는다는 것이다.

> 숫자로 증명할 수 있는 영역(각종 시험)에 여성들이 사력을 다
> 해 몰두하고, 그만큼 우세한 현상은 성평등의 결과가 아니다.
> '왜 여성들은 같은 조건에 있는 남성들보다 훨씬 고군분투해야
> 하는가?'를 질문할 수 있어야 한다.
> ─ 한낱, "여학생은 성적이 '너무' 우수하다?", 《결페미니즘》, 교육공
> 동체벗, 2018.

보통 입시나 진로를 본격적으로 고민하기 시작하는 10대 중반 이후라면 성별에 따라 직업 선택지가 달라지고 성별임금격차가 36.7%에 달하는(2016년 OECD 조사) 등의 성차별적 사회 현실이 여학생에게 더 큰 학업 동기로 작용할 수 있다.

### 여성과 청소년은 닮은꼴

이런 설명들은 상당히 일리 있다. 다만 이에 덧붙여 시험 성적만이 아니라 학교생활에서의 차이까지 설명하려면 나는 여성과 청소년이 받는 억압에 닮은 점이 있다는 것을 원인으로 꼽을 수 있다고 생각한다. 한국 사회가 청소년 또는 학생에게 요구하는 행동거지나 규범은 여성에게 요구하는 바와

겹치는 부분이 있다. 그렇다면 여성 청소년이 '좋은 학생'이 되기가 더 쉽지 않을까.

사회학자 폴 윌리스는 《학교와 계급재생산》에서 1970년 대 영국 공업 도시의 노동계급 남성 청소년들이 반反학교 문화를 형성하고 노동계급으로 재생산되는 모습을 담아냈다. 그런데 여기에서 크게 작용하는 요소가 바로 가부장제와 남성성이다. 윌리스가 만난 노동계급 남성 청소년, 이른바 '싸나이lads'들은 육체노동은 남성적인 것으로, 정신노동은 여성적인 것으로 여기면서 공부를 열심히 하거나 순응하는 태도를 두고 '계집애들' 문화라고 깔보았다. 그들은 반항이나 일탈, 까불기와 익살 떨기 등은 남성적인 것으로 여겼고 이를 통해 결속을 다졌다.

당시 영국의 상황이 한국의 현실과 일치하는 것은 아니지만, 남성성과 여성성 그리고 학교가 요구하는 학생상 사이의 관계를 이해하는 데 힌트 정도는 될 듯싶다. 온라인 게임, 인터넷 커뮤니티 등 한국 남성 청소년들의 또래 문화 역시 반학교적 성격이 강하다. 반대로 말하면 여성 청소년들은 상대적으로 학교의 공식 규범에 순응하는 데 문화적 걸림돌이 적다는 뜻도 될 수 있다.

예를 들어, 학생들은 한국의 긴 학습시간 속에서 정해진 자리에 가만히 앉아 있을 것을 끊임없이 요구받는다. 그리고 여성은 남성에 비해 신체적으로 덜 활발할 것을, 더 '얌전하고 조신할 것'을 강요받으며 자라는 경우가 많다. 이런 여성으로서 사회화된 태도는 학교생활에 더 쉽게 적응할 수 있도록 만들어줄지도 모른다.

또 한국 사회는 여성에게 좀더 많은 예의범절, 웃는 낯, 싹싹한 태도를 바란다. 여성에게 순종적일 것을 덕목으로 제시하는 것은 이제 구시대적이라고 이야기되지만, 이런 불평등한 잣대는 은연중에 사람들의 태도와 생각 속에 남아 있다. 이는 결국 좀더 '아랫사람'으로서의 태도를 보이라는 것이나 다름없다. 그리고 학생들 역시 '아랫사람'으로서 교사에게 예의를 잘 지키고 싹싹하게 굴 것을, 순종적일 것을 덕목으로 삼아야 한다는 공통점이 있다. 교사들이 여학생들을 더 '좋은 학생' '모범생'으로 인식할 개연성이 있는 것이다.

### "여성과 아이는 한 배에 탔다."

이처럼 '여자다움'과 '학생다움' 사이의 유사성, 곧 권력관계 속의 약자이자 사회적 소수자로서 이들의 닮은 점은 여학생들이 학생으로서 더 높은 성과를 얻는 데는 도움이 되는 것처럼 보인다. 물론 여학생들이 모두 그렇다는 것은 아니다.

사회화 과정에서 성차별적으로 다른 행동 양식, 다른 기준을 요구받으면서 성별에 따라 다른 양상이 나타나고, 학교생활이나 학업 성적에도 그것이 반영되지 않을까 하는 이야기다.

그런데 그 이면에는 차별의 논리로 이어질 위험이 잠재되어 있다. 가령 여학생이 활달하게 뛰어다니면 '여자애답지 못하다'라는 평가를 받곤 한다. 남학생은 미성숙하고 거칠다면서 여학생을 선호하는 것은 반대로 여학생에게는 더 엄격한 잣대를 들이대고 남학생에게는 더 관대한 태도를 보이는 것으로 나타나기도 한다.

여학생의 학업 성적이 우수하다는 것의 의미를 여성성의 일종이라고 폄하하는 경향도 찾아볼 수 있다. 예컨대 여성의 성적이 좋더라도 리더십이나 적극성, 진취성 등이 부족하다며 기업들이 남성을 선호하고 우대하는 경우다. 기업이나 정치 분야의 고위직은 여성에게 부적합하다는 편견도 여전히 잔존해 있다. 이는 '여학생'이 '좋은 학생'으로 평가받는다고 해도 그것이 '여성'이 온전하고 평등한 이 사회의 구성원으로 대우받는다는 의미는 아니라는 것을 시사한다.

여학생의 우세한 학업 성적이 때로는 이미 성평등이 상당 부분 실현되었고 오히려 남성들이 더 어려워졌다는 이야기의 근거로 쓰이기도 한다. 다른 한편에서는 그것이 여성의 우월한 능력을 보여주는 것이고, 그럼에도 여성들이 사회 고위층을 많이 차지하지 못하는 건 성차별 때문이라고 이야기한다. 역사 속에서 여성은 교육권을 박탈당하고 "여자가 무슨 공부냐"라는 말을 들으며 차별받아왔다. 그러므로 여성이 교육과정에 온전히 참여할 수 있게 된 것 자체는 중요한 성과임에 틀림없다. 그럼에도 우리는 여학생의 성적 우세가 아직도 남아 있는 여성과 청소년에 대한 차별과 억압이 낳은 현상일 수 있다는 점을 고려해야 한다.

페미니스트 슐라미스 파이어스톤은 자신의 저서 《성의 변증법》의 '아동기를 없애자' 챕터에서 "여성과 아이들은 이제 형편없는 한 배에 탔다"라고 적었다. 파이어스톤의 맥락과는 조금 다르긴 하지만, 여성과 청소년은 사회적 소수자로서 비슷한 처지에 놓여 있고 유사한 억압을 받고 있다는 점에서 분명 한 배를 타고 있는 게 맞다. 다시 말하지만 여성이라는 이유로 더 얌전하고 조신하고 순종적일 것을 요구받는 것은 성차별이다. 학생이라는 이유로 시키는 대로 공부만 하고 순응적일 것을 요구받는 것은 억압이다. 여학생이 관리하기 편하고 성적이 우수하다는 생각이 여성과 학생·청소년이 순종적이고 수동적인 존재가 되기를 바라는 한국 사회의 어두운 모습은 아닐지 곱씹어봐야 한다. 차별과 억압을 넘어, 다른 규범과 다른 교육을 만들어가기 위한 고민과 논의는 계속 되어야 한다.

# 미안하다는 말로는
# 아동학대가 해결되지 않는다

어린이·청소년 삶의
사회화가 필요한 이유

아동학대는 새로 생겨난 문제라기보다는 '발견된' '새삼스레 인식되고 있는' 문제다. 친권자·보호자가 어린이·청소년에게 강제로 돈을 벌어오게 하거나 심지어 '팔아'버리는 일이 흔했던 때도 있었다. 가족 내에서 자행되는 폭행이나 정서적 학대, 방임이야 말할 것도 없다. 학교에서는 각종 구타와 '기합 주기', 고문 행위가 교육이라며 행해졌고, 21세기가 된 지금까지도 완전히 사라지지 않았다. 아동학대는 사회적·신체적 약자인 어린이·청소년에 대해 수십 년, 아니 수백, 수천 년 전부터 형태만 달리하며 반복되어온 폭력이다. 그러므로 참혹한 아동학대 사건 앞에서 '왜 이런 일이 벌어졌나?'라며 놀라는 것은 적절치 않다. 보다 적절한 질문은 '우리는 왜 아동학대를 없애지 못하고 있나?'일 것이다.

2020년 10월, 양천구에서 생후 16개월 어린이가 부모의 학대로 사망한 사건이 일어났다. SBS 〈그것이 알고 싶다〉가 사건을 조명한 뒤 범인에 대한 엄중 처벌을 요구하는 목소리가 각계각층에서 쏟아져 나왔다. 그런데 '아동학대 범죄의 처벌 등에 관한 특례법'이 시행되고 관련 법제도가 정비된 것이 2014년이다. 그럼에도 지난 몇 년간 심각한 아동학대 사건이 몇 차례씩 신문 헤드라인을 차지하곤 했다. 아동학대 사건 수의 급격한 증가 자체는 한국 사회가 학대에 민감해져 암수범죄가 발견·집계되고 있는 것이라 볼 수 있다. 하지만 아동학대로 인한 상해나 사망 사건이 빈발하는 것은 새로 정비한 제도가 제대로 효과를 발휘하지 못한다고 볼 수밖에 없다. 따라서 이번 사건에서 우리가 물어야 할 질문은 '아동학대를 없애려고 제도를 정비했는데도 왜 작동하지 않았나?'일 것이다.

## 학대의 일상성

이 질문에 대한 대답은 여러 가지가 있겠지만, 여기서는 한국 사회의 아동학대에 관한 인식 틀의 한계를 지적하고자 한다. 아동학대는 아주 일상적인 공간과 관계 속에서 주로

'보호자'(친권자, 후견인, 보육 노동자, 교사 등)에 의해 발생한다. 그 원인으로는 어린이·청소년의 취약한 위치, 어린이·청소년에 대한 차별과 폭력에 친화적인 문화와 구조를 들 수 있겠다. 아동학대는 평범한 사람에 의해서, 친밀하고 가까운 관계 속에서 얼마든지 일어날 수 있는 문제인 것이다.

몇몇 정도가 심각한 아동학대 사건에 경악하며 범인에 대한 비난에 열중하다 보면, 아동학대의 이런 일상적·구조적 성격을 잊고 문제 있는 악인들의 범죄 행위만 확대해 바라보기 쉽다. 그러면서 입양 여부나 질병 여부 등 아동학대 행위자들의 특수성으로 학대 원인을 설명하려 든다. 서울 양천구에서 일어난 사건에서 나온 "○○(피해자의 이름)아 미안해"라는 말도 '우리 사회가 학대에 책임이 있어서 미안하다'라는 말보다는 '저런 나쁜 사람들로부터 지켜주지 못해 미안하다'라는 말에 가까운 맥락으로 쓰였다.

하지만 '심각한' 아동학대 사건들의 배경에는 수없이 많은 '별것 아닌' 아동학대의 일상이 존재한다. 한국 사회가 체벌에 관용적이기에 상대적으로 폭력에 둔감한 어느 친권자나 교사는 상해를 입힐 정도로 강도 높은 폭력을 행사하게 될 것이다. 주변에서 상처를 발견하더라도 아이가 잘못해서 가르치려다가 그랬다는 보호자의 변명을 들으면 학대인지 명확하지 않다며 그냥 넘어갈 가능성도 높다. 이는 최근 사건들에서 아동학대에 조기 대처하지 못한 이유를 추적해보면 반복해 등장하는 장면이기도 하다.

9~17세 어린이·청소년 중 57.4%(정서학대 피해 53.9%, 신체학대 피해 29.9% 등)가 아동학대 피해를 경험했다는 연구(류정희 외, 〈생애주기별 학대 경험 연구〉, 한국보건사회연구원, 2018)가 있을 정도로 한국 사회에서 아동학대는 일상적이다. '별것 아닌' 아동학대가 만연한 현실에서는 '심각한' 아동학대 사건이 계속 발생할 수밖에 없다. 리얼미터의 2019년 5월 여론조사에 따르면 가정 내 체벌 금지를 위한 '민법' 개정에 반대한다는 답변이 47%였다. 심각한 아동학대 사건에는 다들 분노하지만, 비청소년(성인) 절반가량은 어린이·청소년에게 체벌 등 폭력을 가해도 되고, 때로는 가해야 한다고 믿는 것이다. 이런 한국 사회의 모순된 모습이 아동학대에 대한 대처가 부실할 수밖에 없는 이유이기도 하다.


### 연민의 한계

학대당한 어린이·청소년이 어떻게 다쳤고 고통받았는지 드러내는 방송 장면이 공유되면서 연민과 분노가 번지고, 국회에서 앞다투어 법을 개정하는 장면은 여러 번 반복된 패턴이었다. 그럼에도 이렇게 만들어진 법제도가 효과를 발휘하지 못한 가장 큰 원인은 바로 인력과 예산이 뒷받침되지 못했고 법대로 집행되지 않았다는 데 있다. 예컨대 2014년 개정된 '아동복지법'은 아동보호전문기관을 시·도 및 시·군·구별로 한 개 이상 두어야 한다고 규정했으나, 2020년까지도 아동보호전문기관의 개수는 30%에도 미치지 못했다. 기관이나 일시 쉼터 같은 인프라가 부족하고 안정적인 인력도 갖춰지지 않은 실정이다. 아동학대 대응 관련 정부 재원은 한정된 기금에 기대고 있으며 관련 예산은 국회에서 대폭 삭감되기 일쑤다. 2021년도 보건복지부 예산에서도 아동학대 방지를 위한 추가 요청 예산이 전액 삭감된 바 있다.

학대 피해 어린이·청소년에 대한 연민은 안타깝게도 실질적 자원의 배분까지는 영향을 미치지 못했다. 법을 개정해 아동학대를 막겠다고 장담하던 정치인들은 예산을 심의할 때는 지역 개발 예산 등 선거권자들에게 과시할 수 있는 예산을 우선했다. 그나마 양육비 부담을 덜어주는 정책과 예산은 관심을 받았지만, 학대당하는 어린이·청소년을 위한 예산은 외면당했다. 어린이·청소년 집단은 참정권을 제한당하고 사회적·정치적 힘이 약하기 때문에 자원 배분 면에서 관련 정책이 후순위로 밀리기 쉽다는 것은 오래전부터 나온 지적이다.

미안하다는 연민의 말, 어린이·청소년을 불쌍해하는 것으로는 아동학대에 대한 실효성 있는 대처를 끌어낼 수 없다. 어린이·청소년의 참정권이 확대되고 사회적·정치적 힘을 행사할 수 있어야만 정부 예산 등 사회적 몫을 정당하게 배정받을 수 있다. 바꿔 말하면 어린이·청소년의 삶의 문제를 무시하면 정치적 손해를 입을 수 있는 세상이 되어야 한다. 한국에서 아동학대 문제가 오랫동안 공론화되지 못한 원인 중 하나 역시 나이주의가 심하고 어린이·청소년의 시민적·정치적 권리 보장 수준이 낮았기 때문이라고 볼 수 있다.

## 어린이·청소년 삶의 사회화가 필요하다

정부가 아동학대를 가족 해체에 의한 것으로 파악하고 가족 회복을 지원한다는 기조로 정책을 펴는 것도 한계다. 빈곤 등 가족의 생활을 불안정하게 하는 요소들이 학대에 영향을 미친다는 것은 부정할 수 없는 사실이다. 하지만 더 근본적으로는 어린이·청소년에 대한 돌봄과 교육의 책임이 개별 가족에게 과중하게 지워져 있다는 점, 어린이·청소년이 가족이라는 울타리를 벗어나 사회적 관계를 맺기 어렵다는 점에 대한 문제의식이 필요하다.

한국 사회는 어린이·청소년에 대한 돌봄이나 교육의 책

임을 가족, 특히 어머니에게 독점적으로 지운다. 이는 가족(어머니)에 커다란 경제적·심리적 부담이 될 뿐 아니라 그만큼의 독점적 권력을 부여하는 것이기도 하다. 이런 환경에서 어린이·청소년들은 학대를 당하더라도 가족이라는 울타리에서 벗어나기 두려워하며 가족 관계에 매달리게 된다. 또 초장시간 학습이나 노키즈존 같은 어린이·청소년을 배제하는 문화는 이들이 공공적이고 사회적인 삶을 누리기 어렵게 한다. 어린이·청소년의 삶의 폭이 제한될수록 학대 같은 인권침해에 대처할 수 있는 자원과 역량도 줄어든다.

시설에만 머물 수 있는 존재가 권리를 가질 수 없듯이 가족에게만 머물 수 있는 존재 또한 권리를 가질 수 없음은 자명하다. 내가 어떠한 삶을 살고자 하는지 스스로에게 묻기 전에 국가와 가족이 결정을 대리하는 그곳에서 폭력과 차별은 은폐되고, '보호'라는 논리 아래 강제된 장소, 강제된 관계가 정당화된다. … 불안전한 삶의 핵심은 삶의 장소성을 갖지 못하는 것이며, 강제된 관계에 머물러야 한다는 것이며, 다른 삶으로의 이동이 봉쇄되는 것이다.

－김순남, 〈강제된 장소, 강제된 관계를 질문하는 탈시설 운동〉, 《시설사회》, 와온, 2020.

어린이·청소년에 대한 돌봄은 사회가 책임져야 한다. 아울러 이들이 가족 외에도 여러 단체에 소속되어 여러 사람과 더불어 살아갈 수 있어야 아동학대 문제에 효과적으로 대처할 수 있다. 가족을 벗어나서도 행복하게 살아갈 수 있는 가능성, 곧 적절한 주거와 다양한 관계가 보장되어야 학대 문제를 더는 감추지 않고 다른 삶을 모색할 수 있다. 아동학대가 정말 사라지기 바란다면, 한국 사회는 분명 생각보다 더 많은 변화를 만들어야 할 것이다.

# 30여 년 전
# 한 고3 학생의 투신

김수경 열사 30주기,
우리가 되새겨야 할 것들

2020년 6월 6일, 대구 근교 현대공원에서 열린 '참교육의 등불 김수경 열사 30주기 추모제'에 여러 청소년인권운동 활동가와 함께 참석했다. 추모제는 김수경 열사의 정신을 기억하고 추모하는 것만이 아니라, 전교조 법외노조 문제, 학생인권과 학교 민주주의 문제, 청소년 참정권 문제, 세월호 참사 문제 등 한국 사회가 맞닥뜨린 여러 현안을 놓고 함께 이야기하는 시간이기도 했다. 김수경 열사 30주기를 맞아 오늘날 청소년인권운동이 기억해야 할 것 또는 되새겨야 할 과제들은 무엇일까?

## "이미 그곳은 학교가 아닙니다."

김수경은 1990년, 대구 경화여자고등학교 3학년 학생이었다. 1989년에는 전교조 창립으로 교사들이 해직된 데에 저항하며 전교조를 지지하는 학내 시위에 적극 나선 적이 있고, 1990년 당시에는 학생회 총무부장으로 활동하고 있었다. 그는 이런 이력 때문에 학교에서 이른바 '찍혀' 있었다. 담임 교사가 그의 부모에게 "자녀가 학교에서 주시하는 인물"이라고 이야기하는 등 김수경은 교사들로부터 일상적·지속적으로 압박과 감시를 받았다.

그러다 6월 5일, 체육 교사가 김수경과 또다른 학생의 따귀를 때리는 등의 폭행을 가한 뒤 무릎을 꿇리고, 김수경에게 "반항적인 행동이 보였다" "퇴학 처분" 같은 막말을 퍼붓는 사건이 일어났다. 그 직후 김수경은 "한번 운동권으로 찍힌 학생은 사사건건 트집이 됩니다" "(전교조를 지지했다는) 이유 하나만으로 제가 학교 다니기가 불편하다면, 아니 고통스럽다면 이미 그곳은 학교가 아닙니다" "모두들 제가 걸려들기만 기다렸던 것 같았습니다"라는 내용의 유서를 남기고 영남대에서 투신했다. 그는 2004년에 이르러 정부로부터 민주화운동 관련자로 인정받았다.

## 목소리 내는 학생들을 탄압하는 학교

김수경 열사가 죽음에 이른 경위를 살펴보면, 한국의 고등학교가 정치 활동을 하거나 저항의 목소리를 내는 학생들에게 얼마나 가혹했는지 실감하게 된다. 김수경은 전교조 교사 해직에 반대하며 시위를 한 일, 학생회장 선거에서 학생들을 대변하는 후보의 찬조 연설을 한 일, '써클에 가입되어 있다'는 의심 때문에 '반항적이다' '운동권이다'라고 낙인찍혔다.

그런데 학내 시위는 헌법에도 보장된 집회·시위의 자유를 행사하며 교육 현안에 대한 의견을 표출한 것이고, 정치 모임에서 활동했다 하더라도 이는 마땅히 존중받아야 할 결사의 자유이며, 학생회장 선거에서 찬조 연설을 한 것이나 학생회에 참여한 것 역시 처벌이나 불이익의 이유가 될 수 없다. 당시 학교에서는 이런 민주주의의 상식이 통하지 않았던 것이다.

지금은 30여 년 전에 비해 청소년의 정치 활동에 대한 세간의 시선은 분명 나아졌다. 학교 안에서 목소리 내는 학생들이 부담해야 할 억압의 강도도 약해졌을지도 모른다. 그러나 결코 학생들의 정치적 자유와 권리가 온전히 보장되고 있다고 할 수는 없다. 여전히 많은 학교가 학생의 정치·사회단체 가입을 금지하는 학칙과 언론·표현의 자유를 규제하는 징계

기준을 가지고 있기 때문이다. 촛불집회에 참여한 학생들, 스쿨 미투 등 학교 안의 문제를 공론화하고 제보한 학생들이 교사로부터 위협이나 압력을 받은 사건들은 그리 먼 과거의 일이 아니다. 공식적으로 학교가 징계 조치를 취하는 일이 줄어들자 교사들이 그런 학생에 대한 따돌림·괴롭힘을 선동하거나 묵인하는 유형의 탄압이 더 늘어난 듯도 하다.

학생회는 또 어떤가. 1987년 대통령 직선제 쟁취 이후 중·고등학교에서도 학생회장 직선제를 통해 자주적 학생회를 만들어 학교 민주화를 이루려는 움직임이 일어났다. 김수경도 학생회에 적극 참여하고 있었고, 이는 학교가 김수경을 '주시'한 이유 중 하나였다. 오늘날에는 학생이 학생회 활동을 적극적으로 한다고 해서 부정적 평가를 받지 않는다. 하지만 학생회장 출마나 공약 발표, 연설에서부터 통상의 활동에 이르기까지 학교로부터 간섭을 당하기 일쑤다. 특히 학생회가 학생들의 권익을 주장하고 잘못된 관행을 바꾸려 할 때는 많은 장벽에 부딪힌다. 학생회를 통해 학교 운영에 민주적으로 참여할 권리는 법적으로나 현실적으로 보장되지 않고 있다. 곧 학생회 활동은 형식적으로는 잘 꾸려지고 있지만, 여전히 '목소리 내는' 학생회는 환영받지 못하고 '힘을 가진' 학생회는 더더욱 요원한 현실이다.

## 사라지지 않은 자의적 폭력과 모욕적 처벌

김수경 열사의 죽음에 직접적으로 영향을 미친 둘째 요인은 바로 체벌 등의 폭력이다. 김수경 열사는 교사의 자의적 체벌과 언어폭력 그리고 많은 사람이 보는 앞에서 무릎을 꿇리는 등의 모욕적 처벌을 당한 것이 직접적 계기가 되어 죽음을 택했다.

당시 학교에서는 이런 폭력이 일상적으로 만연해 있었다. 교사가 자의적 폭력을 얼마든지 가할 수 있는 조건은 학생의 인권을 짓밟는 일이었던 동시에 학교에 저항하는 학생들을 두렵게 하는, 민주주의에 반하는 탄압의 수단이기도 했다. 마치 경찰이 시민에게 고문, 구타 같은 자의적 폭력을 휘두를 수 있었던 것이 사회 전반의 인권 문제이면서 민주화운동·저항운동을 하는 활동가들이나 정치 인사들을 위축시키는 요소였던 것처럼 말이다.

김수경 열사의 죽음 이후에도 오랫동안 학교 체벌은 존속되었다. 2010년대에 들어서야 몇몇 지역에서 학생인권조례가 제정되고 관련 법령이 개정되면서 학교 체벌이 감소하긴 했다. 하지만 2016년 국가인권위원회 조사에서는 '구타형(직접) 체벌'은 중·고생의 28.2%가, '강요형(간접) 체벌'은 중·고생의 35.8%가 직접 당하거나 목격했다고 응답했다. 2019

년 한국청소년정책연구원에서 시행한 초·중·고 학생 조사에서도 12.2%는 교사로부터 체벌을 경험했고 18.9%는 언어폭력을 당했다고 응답하는 등 학교 체벌이 완전히 사라졌다고 평가하는 것은 무리다.

교육부는 이명박 정부 시절 '직접 때리지 않는 유형의 체벌은 허용한다'라는 애매모호한 입장을 내놓은 뒤로 체벌이 명백한 인권침해이자 엄격히 금지되어야 할 악습이라는 명확한 선언이나 법령 개정을 전혀 하지 않고 있다. 정부의 책임을 묻지 않을 수 없는 대목이다. 한국 사회는 오랫동안 교사나 보호자의 자의적 폭력이 허용되고, 존엄성을 훼손하는 모욕적 처벌에 대해 경각심이 부족한 사회였다. 그리고 변화는 더뎠다. 이런 현실이 김수경 열사를 죽음으로 이끈 근본 원인일 것이다.

## 1990년과 2020년 사이

1980년대에서 1990년대 초중반까지 벌어졌던 중·고등학생들이 주체가 된 변혁운동을 '고등학생운동'이라 일컫는다. 고등학생운동은 단순히 30여 년 전의 옛이야기가 아니다. 고등학생운동에서 외치고 드러냈던 학교의 민주주의, 청소년 인권, 선거권 연령 하향 같은 청소년의 정치적 권리, 경쟁

교육의 문제 등은 오늘날에도 과제로 남아 있다. 김수경 열사 역시 고등학생운동의 주체였으며 학교의 정치적 탄압과 폭력에 희생된 사람이었다. 오늘날 학교는 자신이 죽인 김수경 열사를 기억하려 노력하고 있지 않지만, 청소년인권운동은 그를 기억하고 그의 죽음이 남긴 과제를 곱씹어야 한다.

김수경 열사 말고도 1990년 '농민의 깃발, 노동자의 횃불, 참교육의 함성'을 외치며 죽은 심광보 열사, 1991년 잘못된 교육을 비판하고 '참교육 실현'을 외치며 죽은 김철수 열사 등 세 명을 고등학생운동 열사로 꼽는다. 사실 나는 이들 중에서 김수경 열사가 유독 눈에 밟힌다. 학교의 폭력에 상처를 입고 죽음을 택했다는 측면이 크게 다가오기 때문이다. 임미리는 《열사, 분노와 슬픔의 정치학》에서 열사의 자살에 '당위형'과 '실존형'이라는 분류를 제시했다. 김수경 열사는 '개인에게 구체적 폭력이 가해지는 중에 일상의 경험에 기초한 분노의 감정을 바탕으로 주체의 존엄성 회복을 위하여' 죽음을 택하는 실존형 죽음에 더 가까워 보인다(비록 임미리는 책에서 김수경, 심광보, 김철수 열사를 모두 '당위형'으로 분류했지만, 김수경 열사의 경우는 실존형으로, 적어도 '당위적 실존형'으로 분류하는 게 더 적절했을 거라고 생각한다).

그래서 김수경 열사 30주기를 맞아 30년 전과 현재의 청소년의 처지를, 공통적으로 겪고 있는 폭력과 억압을 비교해보게 된다. 1990년의 김수경과 2020년의 청소년의 삶은 과연 얼마나 다른가. 여전히 남아 있는 '적폐'가 있다면 왜 이토록 오래 바뀌지 못했는지 고민해야 한다. 한국 사회가 민주화를 이룩했다고 자찬하지만, 과연 학교 현장과 청소년의 삶에도 민주화가 진행되었는지 따져 물어야 한다. 정치 활동에 참여하거나 저항의 목소리를 내는 학생을 탄압하는 학교, 자의적 폭력과 인격을 짓밟는 폭력이 허용되는 학교는 민주주의를 실현하는 학교라고 할 수 없다.

많은 이가 세 열사의 삶을 돌아보며 그들이 죽음으로 외쳤던 것이 무엇인지 귀 기울여 살폈으면 좋겠다. 청소년인권운동이 그들을 기억하고 이야기할 기회가 지속적으로 있기를 바란다.

2장

미래 세대이기를 강요받는 청소년들

# 청소년들을 '미래 세대'라
# 부르는 사회

현재의 문제를 외면하게 만드는
비겁한 현실

청소년들에게는 늘 따라붙는 말이 있다. 바로 '미래 세대'라는 말이다. 교육 영역에서만이 아니라 사회 곳곳에서 쓰이고 있지만 최근 들어서는 기후 위기 문제를 이야기할 때 특히 더 많이 들린다. 유사어로는 '꿈나무' '미래의 주역' 등이 있고, 가끔 그냥 '미래'라고 일컫기도 한다. 이런 말, 이런 생각 괜찮은 걸까?

## 현재를 보지 못하게 하는 착각

'미래 세대'라는 말은 몇 가지 착각을 불러일으킨다. 그 중 가장 일반적인 것은 현재보다는 미래가 더 가치 있다는 의미로 쓰이는 경우다. 세월호 사건이나 구의역 사고를 언급할 때도 그런 인식이 많이 나타났다. 피해자들의 죽음은 나이에 관계없이 비극적이고 심각한 사회문제의 결과였는데도 문제 현실에 관심을 갖기보다 청소년 피해자들의 '창창한 앞날'과 '펼치지 못한 꿈'을 안타까워하는 반응이 많았다.

죽음의 사례가 아니더라도 청소년의 현재는 미래보다 중요하지 않은 것처럼 취급받는다. 미래의 성공을 위한 현재의 고통이나 인권침해는 가볍게 취급되고 가끔은 진짜 현실이 아닌 것처럼 여겨지기도 한다. 세계적인 영화감독 팀 버튼은 어린 시절 내내 집단 따돌림을 겪었다. 교사들에게 차별도 받았다. 하지만 많은 사람은 그 고통에 공감하고 문제의식을 갖기보다 '어린 시절 따돌림 경험이 바탕이 되어 성공할 수 있지 않았느냐'는 식의 반응을 보인다. 미래에 도움이 된다면 현재의 고통을 당연히 감내해야 한다고 생각하거나 심지어 고통을 긍정적으로 평가하는 것이다. 청소년의 현재는 지나가는 것, 진짜가 아닌 것, 미래를 위한 재료 정도로 치부된다. 그래서 현재의 문제는 진짜 문제로 여겨지지 않고 계속 반복되어 또다른 피해를 발생시킨다.

## 청소년을 배제시키는 강력한 메시지

‘미래 세대’라는 말은 청소년을 현재 사회에서 배제시키는 말이기도 하다. 미래를 준비하는 ‘예비 인력’이기 때문에 현재와는 관련이 적어 보이는 착각을 일으켜서다. 하지만 청소년 역시 현재를 살아가는 존재이기에 온갖 사회문제 역시 그들 삶에 직간접적 영향을 끼친다. 경제 상황이 열악해지면 청소년들도 노동에 나선다. ‘청소년 노동자’ 또는 ‘도제 학생’ ‘실습생’ 같은 이름으로 노동에 참여하는 청소년이 매해 수만 명 이상이기에 청소년 역시 중대재해나 산업재해의 당사자가 될 수 있다. 기후 위기나 감염병 유행 상황은 더 말할 것도 없다. 청소년은 사회의 거의 모든 문제에서 비청소년과 마찬가지로 당사자다.

하지만 ‘미래 세대’라는 말은 청소년이 현 시대의 구성원이라는 사실을 외면하고 그들이 가진 주권을 박탈하는 논리에 기여한다. ‘어른 되면 해라’라는 말은 사회 곳곳에서 청소년의 정보 접근성과 결정 권한을 부여받지 못하게 한다. 대신 청소년의 모든 활동은 ‘진로’라는 말로 포장된다. ‘네 순서가 아니니 나서지 말라’라는 메시지는 사회 전반에서 강력하게 작동하고 있다. 그에 대한 대안으로 나는 ‘후발세대’라는 표현을 사용하고자 노력하고 있다. 부산으로 향하는 길에서는 서울에서 출발한 자동차도, 대전에서 출발한 자동차도 같은 도로를 달린다. 두 자동차가 나란히 달리는 상황이라면 서울에서 출발한 자동차가 더 일찍 출발했을 것이다. 하지만 두 자동차는 같은 도로를 달리기에 한 측이 모든 것을 점유하고 있다고 말할 수 없다. 최근 몇몇 번역서에서도 '후발세대'라는 표현을 사용하고 있다.

## 기성세대가 책임을 회피하는 방법

설혹 청소년들이 현 시대의 구성원임을 인정받는다 하더라도 '미래 세대'라는 말은 청소년들이 현재 문제에 개입하기보다는 미래 사회를 책임지는 것이 마땅하다고 여기게 한다. 하지만 생각해보라. 현재의 문제를 정말 심각하게 여기고 있다면 누가 됐든 힘을 모아 그 문제를 해결하는 게 중요한 것 아닐까? 다른 사람이 만들어주는 미래를 꿈꾸는 건 책임 회피다. '잘 교육받아 나중에 문제를 해결하라'라는 말은 청소년들을 미래라는 틀 안에 격리시킨 채 현재의 문제를 바라보지 못하게 만드는 일이다.

특히 한국 사회는 기후 위기를 비롯해 대부분의 문제에서 중요한 해결 방안으로 교육을 이야기하는 일이 흔하다. 하지만 어린이와 청소년을 잘 교육하는 것이 문제의 해결 방안이라는 것은 적어도 세 가지 오류를 가지고 있다. 첫째, 교육이 사회문제를 실제로 해결할 수 있다 또는 해결했다는 구체적 근거는 한 번도 밝혀진 적이 없다. 기본적으로 교육은 그 효과를 확인하기 어려우며 가치 지향에 가깝다. 세대를 거듭하더라도 우리는 이 가치를 지향하며 살아가겠다는 공공의 의지 말이다.

둘째, 교육을 중요한 문제 해결 방안으로 꼽는 것은 앞서 말한 것과 같이 지금은 문제 해결에 치열하게 임하지 않겠다는 의미이기도 하다. 교육은 긴 시간을 필요로 하는 과정이기에 교육이 해결 방안이라고 말하는 것은 오랫동안 문제는 해결되지 않을 것이라는 말과 같다. 의도가 그렇지 않더라도 교육을 해결 방안으로 삼겠다는 것은 기성세대가 직면한 문제의 해결을 '미래 세대'에 맡기겠다는 책임 회피에 가깝다.

셋째, 교육으로 문제를 해결하겠다는 것은 어린이와 청소년은 변화시키기 쉽다는 기대 혹은 오만을 전제로 하고 있다. 나이가 어려서 혹은 경험이 적어서 쉽게 설득하거나 무언가를 주입시킬 수 있을 것이라는 생각, 상대에게 자기 가치관이 뚜렷하지 않을 것이라는 생각을 깔고 있는 것이다. 상대적으로 교육 활동을 기획하는 주체의 생각이나 가치관은 훌륭하고 굳건하다는 믿음과 함께. 이런 오만함은 폭력이다.

## 사람을 사람으로 존중할 수 있기 위해

'미래 세대'라는 말이 갖는 또 하나의 문제가 있다. 특정 집단을 미래를 위해 남겨놓을 수 있다는 생각이 갖는 해악이다. 이 문제는 어린이와 청소년만이 아니라 모든 사람에게 해당된다. 돈이나 자원 혹은 에너지를 미래를 위해 아껴두는 것은 가능하다. 하지만 사람은 자원이 아니다. 적금을 넣듯 어린이·청소년을 교육시켜 미래에 대비한다는 발상은 사람을 자원처럼 축적하고 이용할 수 있다는 인식에 바탕하고 있다. 그것이 과연 사람을 존중하는 태도일까.

가야트리 스피박은 교육을 "비강제적인 욕망의 재배치"라고 말했다. 인간은 결국 자기 욕망에 따라 움직이는 존재이며 모든 인간은 욕망을 가지고 있다. 세상 대부분의 문제는 그런 욕망으로 인한 것이고, 그에 대한 대가는 이 세상에 태어나 호흡하고 있는 모든 존재가 치르는 중이다. 그래서 문제를 해결하기 위한 방법은 사람들의 욕망을 비강제적으로 정렬하는 것이다. 다른 사람보다 우월해지려는 욕망보다 현재의 문제를 모두가 주체로서 마주하고 해결하기 위해 연대하려는 욕망을 우선하는 것, 그 욕망에 충실하게 살아가는 것이 문제를 해결하는 최선의 방법이다. 이처럼 욕망을 재배치하는 것은 어린이·청소년에게만 필요한 것은 아니다. 문제를 대신 해결해 줄 사람이나 만능키 같은 것은 없다. 사람을 만들어내는 것도 불가능하다. 다시 말하지만 청소년은 현재를 살아가는 사람이다. 청소년은 미래 세대 따위가 아니다.

# 아동수당은 출산장려금이
# 아니다

아동수당이 아동의 권리가 되려면

"아동수당은 아동의 권리입니다."

보건복지부가 운영하는 아동수당 안내 웹사이트에 큼직하게 적혀 있는 글귀다. 한국은 2018년 9월부터 소득 및 재산 상위 10%인 가정을 제외하고 만 6세 미만의 아동에 대해 월 10만 원을 지급하는 아동수당제도를 시작했다. 2019년 1월 1일부터는 만 6세 미만의 아동에 대해 친권자(부모 등 보호자)의 소득에 관계없이 보편적으로 지급하는 것으로 변경되었고, 2022년 4월부터는 만 8세 미만의 아동으로 확대되었다.

아동수당은 정부가 특정 연령 미만의 아동에게 정기적으로 현금을 지급하는 복지제도다. 출산율을 높이기 위해 둘째나 셋째 아동에 대해서는 조금 더 큰 금액을 지급하는 사례도 있다. OECD 국가들 중 한국까지 포함해 32개국이 시행 중인 제도다. 한국이 아동수당제도를 시행하게 된 것은 환영할 만한 일이지만, 그 액수가 10만 원으로 적은 편이고, 수당을 받는 범위도 만 8세 미만까지로 매우 좁다. 그나마 최초 시행 당시 있던 소득 및 재산에 관한 선별 기준이 폐지된 것은 다행스러운 일이다. 지금은 선별 없이 보편적으로 지급하고 있기에 아동수당은 '아동의 권리'라고 불릴 만한 최소한의 요건을 갖추었다 하겠다. 그러나 보건복지부 웹사이트에서 "아동수당은 아동의 권리"라고 안내하고 있다 해도 지금 한국 사회에서 아동수당이 정말 '아동의 권리'로 자리하고 있는지는 의문이다.

## 아동수당은 저출산 대책이 아니다

아동수당이 제안되고 도입된 배경으로 빠지지 않고 언급되는 것이 저출산 현상이다. 아동수당은 '제1차 저출산·고령사회 기본 계획'(2006~2010년) 수립 과정에서 거론되었고, 이후 '국회 저출산·고령화대책특별위원회'에서도 제안된 바 있다. 2018년 '대통령 직속 저출산·고령사회위원회'에서는 아동수당 확대 방침을 발표하기도 했다. 문재인 대통령은 2017

년 대선 후보 시절 아동수당 공약을 '안심 육아 대책'의 일부로 발표했는데, 대선 후보들의 아동수당 공약은 이처럼 육아 부담을 덜고 출산율을 높이기 위한, 곧 저출산 현상에 대한 대책으로 다루어졌다.

그러다 보니 아동수당에 관한 논의는 아동수당이 출산율 제고에 효과가 있느냐에 초점이 맞춰지곤 했다. 주로 아동수당으로 양육의 부담이 덜어질지, 부모들이 '아이 낳고 싶은 마음'이 들지, 아이를 좀더 낳게 될지 등이 언급되었다. 아동수당이 의미 있는 제도이기는 하지만 아동수당이 출산율 제고와는 직접적으로 연관이 없을 것이라는 지적도 끊이지 않는다. 본래 아동수당제도의 첫째 목적은 출산 유도가 아니라 아동의 생존과 인권 보장이기 때문이다. 그럼에도 정작 아동수당이 아동의 인권 개선에 얼마만큼 효과를 보일지 따져보고 평가하는 경우는 언론 기사나 정책 토론회 등에서 찾아보기 어렵다.

아동수당을 친권자의 소득 및 재산을 기준으로 차등하게 지급하자는 주장도 아동수당을 아동의 권리가 아니라 친권자에 대한 지원으로 생각하기에 나올 수 있는 발상이다. 또 아동수당이 만 8세 미만(초등학교 취학 전)에 대해서만 지급하는 형태도 결과적으로 아동수당의 의미를 출산 직후 영유아에 대한 양육을 지원하는 것으로 한정 짓게 만든다. 이처럼 아동수당이 저연령 영유아를 돌보는 친권자를 보조하는 것으로만 인식된다면, 아동수당 대상 연령을 확대하도록 설득하기가 더 어려워질 것이다.

### 아동에게 보장되는 소득

아동수당제도는 직접적으로는 아동의 생존과 건강한 삶, 성장을 지원하는 제도다. 이는 유엔아동권리협약에서 정한 아동의 생존과 발달을 보장하기 위한 국가의 의무를 이행하려는 취지다. 일단 아동의 생계를 보장하려면 가정에서 상당한 비용이 필요하다. 또 아동을 돌보려면 시간과 노동력이 들기 때문에 친권자의 경제 활동이 줄어들어 가정 소득이 낮아질 위험이 있다. 따라서 아동수당을 지급함으로써 아동이 있는 가정이 빈곤해지는 것을 예방하고 아동이 생활하기에 바람직한 환경을 만들려는 것이다.

나아가 가정 안에서 아동의 지위를 상승시키고 간접적으로 아동의 인권을 지지하는 효과를 기대해볼 수 있다. 국가인권위원회도 2019년 1월, 보편적 아동수당제도 도입을 환영하는 성명에서 아동수당의 의의를 "모든 아동에게 아동수당을 지급함으로써 부모만이 아니라 사회가 함께 분담해 아동을 양육하는 제도를 만들어 아동 양육에 대한 국가와 사회의 책임을 강조하는 의미"가 있으며 "아동이 부모 등 보호자에게 종속되지 않게 해 아동에게 주어진 모든 권리의 주체성을 강화하는 데도 기여"한다고 짚었다. 양육과 돌봄의 공공성이 곧 아동의 주체성으로 연결된다는 적절한 지적이다.

아동을 돌보고 기르는 일이 각 가정의 사적인 일로 여겨질수록 아동은 친권자의 소유물처럼 생각되기 쉽다. 그렇게 되면 친권자는 아동 부양에 드는 돈과 노력을 개인의 희생과 헌신으로 받아들일 개연성이 높아진다. 이런 피해의식은 아동이 친권자의 통제에 따르기를 원한다거나 성취감 또는 미래의 경제적 부양 같은 대가를 얻기 바라는 것으로 표출되곤 한다. 아동 역시 친권자에게 죄책감과 부담감을 가지고 종속된 관계를 이어가기 쉽다. 가정 안에서 아동 인권침해에 대한 문제의식이 낮은 현실, '부모의 등골을 빼먹는다'라면서 어린이·청소년들을 '등골 브레이커'라고 부르는 혐오 표현 등은 이런 실태를 보여준다.

아동의 생존과 권리 보장을 위해 국가가 아동수당을 지급하는 것은 아동의 삶과 양육이 공공의 책임이라는 메시지이기도 하다. 국가인권위원회가 아동수당이 권리 주체성 강화에 기여한다고 한 것은 아동에 대한 돌봄이 친권자의 희생이 아니어야 하며 동시에 아동이 친권자의 소유물이 아닌 시민적·사회적 권리의 주체여야 한다는 것을 환기시킨다. 물론 아동수당제도를 시행했다고 해서 곧장 이런 의식 변화로 이어지지는 않을 것이다. 국가 차원에서 아동 인권 보장을 위한 정책을 세우는 일이 병행되어야 가능하다.

### 아동수당을 아동 본인이 받아 쓸 수 있다면…

실제로 아동수당제도를 시행 중인 다른 나라의 사례를 살펴보면 한국의 아동수당제도와는 그 결이 꽤 다르다. 예를 들어, 독일은 만 18세 미만 아동에 대해 아동의 생계를 책임지는 사람에게 아동수당을 지급하는데, 학생이거나 직업훈련 중이라 소득이 없는 경우에는 최대 만 25세 이하의 사람에게까지 지급한다. 핀란드는 만 17세 미만 아동에 대해서는 아동수당을 지급하고, 만 17세 이상 25세 미만인 학생에게는 학생수당을 지급한다. 학생수당은 독립해 혼자 살거나 자녀가 있는 경우 더 큰 금액(2017년 기준 최대 월 약 33만 원)을 받을 수 있다.

아동수당을 시행하는 많은 국가가 만 16세나 만 18세까지 아동수당을 지급하고, 그중 독일, 핀란드, 오스트리아, 스웨덴, 룩셈부르크 같은 국가는 학생이거나 소득이 일정 수준

이하인 경우 아동수당 연령을 연장하거나 확대 지급한다. 아동수당을 단지 양육에 대한 지원이 아니라 경제 활동에 제약을 받는 어린이·청소년·청년의 생계와 소득을 보장하는 제도로 생각하고 있는 것이다.

한국의 아동수당 역시 그 범위나 의미가 확대되어야 한다. 저출산 대책이나 양육을 지원한다는 관점에서 벗어나야 한다. 아동수당제도는 아동이 이 사회의 시민이지만 신체적·제도적 제약으로 충분한 경제력을 갖고 있지 않기에 국가가 생존과 건강 등 사회권을 보장받을 수 있도록 소득을 보조하는 제도다. 친권자가 이를 대리 수령하고 이용하더라도 아동수당은 원칙적으로 아동에게 보장되는 소득이라고 봐야 옳다. 사회 구성원의 생존과 존엄성을 위해 국가와 사회는 소득과 사회안전망을 보장할 책임이 있는 것이다. 성인이 아닌 아동이라고 해서 예외는 아니다. 아니, 오히려 경제적 약자이고 다른 사람에게 종속될 가능성이 높은 이들이야말로 국가와 사회의 지원이 더 필요한 게 아닐까?

한국에서도 언젠가는 아동수당 지급 연령이 만 18세 또는 19세까지 확대되고, 소득이 일정 수준 이하라면 20대에게도 지원할 수 있는 날이 오기를 바란다. 이에 그치지 않고 청소년·청년들이 경제적 권리를 보장받는 시민으로 생활할 수 있도록 의미 있는 금액으로 지급액이 인상될 수 있기를 희망한다. 만약 아동이 원한다면 아동수당을 친권자가 아니라 본인이 직접 받아 스스로를 위해 보다 자유롭게 쓸 수 있게 되기를 꿈꿔본다.

# '19금'은 청소년 보호를
위한 걸까?

영상물등급위원회의 청소년관람불가 판정은
편견에 기초한다


우리는 영화에 연령 기준이 있는 걸 당연하게 여긴다. 영화만이 아니라 방송에서도 '12세 이상 관람가' '15세 이상 관람가' '청소년관람불가' 같은 연령등급 표시가 따라붙는다. "등급 분류는 영상물의 공공성과 윤리성을 확보하고 청소년을 유해한 매체로부터 보호하기 위해 운영됩니다." 영상물등급위원회(이하 영등위)가 밝히고 있는 등급 분류의 목적이다. 영화, 비디오, 예고편 같은 영상물을 상영하거나 방송하려면 영등위를 통해 사전 심의를 받아야 한다. 영등위는 '청소년관람불가'를 비롯해 '15세 이상 관람가' '12세 이상 관람가' '전체 관람가' 등 체계에 따라 영상매체를 분류하고 연령등급을 판정하는 일을 한다. 그렇다면 이런 등급은 어떤 기준을 통해 결정되는 걸까?

영등위에 따르면 등급 분류에는 다음과 같은 7가지 기준이 있다. 주제의 기준, 선정성의 기준, 폭력성의 기준, 대사의 기준, 공포의 기준, 약물의 기준, 모방 위험의 기준이다. 이에 따라 청소년관람불가 판정을 받은 매체는 "고등학교에 재학 중인 자를 포함해 만 18세 미만의 자는 관람할 수 없는 영상물로, 등급 분류 기준이 되는 7가지 고려 요소가 구체적, 직접적, 노골적으로 표현된 작품"을 뜻한다.

청소년 유해매체 지정은 영상물 외에도 다양한 콘텐츠에 적용되고 있다. '청소년보호법'에 따르면 청소년 유해매체란 청소년에게 유해한 선정적이고 폭력적인 내용을 담고 있어서 청소년을 대상으로 한 유통이 부적절한 매체물을 말한다. 이는 ①청소년보호위원회가 청소년에게 유해한 것으로 결정하거나 확인해 여성가족부 장관이 고시한 매체물 또는 ②다른 법령에 따라 해당 매체물의 윤리성·건전성을 심의할 수 있는 기관이 청소년에게 유해한 것으로 심의하거나 확인해 여성가족부 장관이 고시한 매체물 중 어느 하나에 해당하는 것이라고 정의하고 있다. 매체물 중 영상과 게임이 아닌 다른 매체들은 '사전 등급 분류'가 아니라 '사후 심의'를 받게 된다는 점에서 심의 형태에 차이가 있고, 심의기관도 각 매체에 따라 다르다. 청소년 유해매체 여부를 심의하고 결정하는 기관으로는 방송통신심의위원회, 간행물윤리위원회, 게임물관리위원회가 있고, 영상물등급위원회도 심의기관 중 하나다.

## '사회적 모순'을 표현하면 청소년관람불가?

흔히 '청소년관람불가' 영화라고 하면 주로 성적인 것이나 폭력적인 장면 때문일 것이라고 생각한다. 성과 폭력의 요소로부터 청소년을 보호하기 위한 당연한 조치라는 생각이 들 수 있다. 그런데 청소년관람불가나 12세·15세 연령 제한 등급을 매기는 것이 정말 청소년을 위한 것일까? 먼저, 영상물의 등급은 선정성이나 폭력성 기준으로만 결정되지 않는다. 7가지 기준 중 일부일 뿐이다. 영등위는 위에서 살펴본 7가지 기준을 모두 고려하고 있다. 그중 영등위 홈페이지에서 안내하고 있는 '주제의 기준'을 살펴보자.

· 사회적 가치나 통념에 반하는 내용이 포함되어 있어 청소년에게 유해한 영향을 끼치는 것.
· 일반적인 청소년의 지식과 경험으로는 수용하기 어려운 것.
· 건전한 국민정서를 왜곡하거나 훼손할 수 있는 내용인 것.

· 사회적 모순 등을 과도하게 표현하여 청소년의 가치관을 혼란스럽게 하는 것.

영향을 받는 대상을 '청소년'으로 명시했을 뿐 마치 1980년대 민주화운동을 탄압하던 세력이 입맛에 맞게 출판, 보도물을 검열하던 모습이 연상된다. 여기서 말하는 사회적 가치나 통념은 누구의 기준을 우선시하고 있는가? 사회적 가치나 통념에 반하는 내용은 어떤 점에서 청소년에게 유해한 영향을 끼치는가? 사회적 모순을 드러내는 것은 왜 청소년관람불가 판정을 받을 수 있다고 여기는가?

실제로 청소년관람불가는 아니지만 15세 이상 관람가 등급을 받은 영화 중 '사회문제'를 다룬 영화들이 있다. 용산 참사를 다룬 다큐멘터리 〈공동정범〉이 그렇다. 〈공동정범〉에 '15세 이상 관람가' 판정을 내린 영등위에 따르면 "강제 진압, 참사에 대한 책임 문제 등을 주제로 포함해 이해도 등을 고려할 때 15세 이상의 청소년이 관람할 수 있는 영화"라고 판단했다고 한다. 〈공동정범〉에 앞서 용산 참사를 다룬 다큐멘터리 〈두 개의 문〉도 비슷한 이유로 15세 이상 관람가다.

그런데 24시간 편의점을 배경으로 아르바이트 노동자와 각양각색 손님들의 이야기를 다룬 영화 〈이것이 우리의 끝이다)는 청소년관람불가다. 이 영화는 영등위로부터 "주제(유해성 등) 다소 높음, 선정성 다소 높음, 폭력성 다소 높음, 대사 및 모방 위험 높음" 판단을 받았다. 그러나 영화의 사회 비판적 요소를 청소년들로부터 차단하려는 의도였던 건 아닌지 의심을 받으며 논란이 되기도 했다.

⟨공동정범⟩과 ⟨이것이 우리의 끝이다⟩는 결과적으로 다른 연령등급을 받기는 했지만, 7가지 기준 중 "폭력성 다소 높음"이라는 비슷한 판단을 받았다. 하지만 이 영화들이 공통적으로 담고 있는 폭력은 물리적 폭력이라기보다는 약자에 대한 강자의 폭력이나 국가폭력을 드러내는 것이라 할 수 있다. 영등위에서 고려하는 폭력성의 기준이 물리적 폭력이나 학대 장면 등 자극적 요소들을 규제할 의도라면, 이 영화들에서 다루는 '폭력'이 과연 그 규제 대상일지 의문스럽다. 사회적 차별과 폭력을 다룬 장면을 두고 단순히 "폭력이 등장했다"라고 유해물 딱지를 붙이는 것이 적절한 걸까? 현실에 존재하는 사회적 폭력에 대해 고민할 기회를 청소년들로부터 빼앗는 것은 아닐까?

## '청소년 보호'는 가치중립적일 수 없다

연령등급을 심의하고 분류하는 기준과 체계는 얼핏 객관

적이고 논리적인 것처럼 읽히는 말들과 함께 '유해한 내용으로부터 청소년을 보호'해야 한다는 신념을 근거로 내세우지만, 결국 특정 가치관과 정치 이념에 따라 매체를 규제하는 것과 다르지 않다. 특히 청소년 입장에서 이와 같은 심의 절차는 사전 검열로 비친다. "다양한 영상물을 소비하는 국민에게 영화 관람, 선택을 위한 정보를 제공"하는 것이 아니라 특정 나이 기준을 토대로 접근조차 할 수 없게 하는 것이 현재 등급 분류의 결과인 셈이다.

청소년들이 무엇을 알고 있는지, 어느 정도의 경험을 갖고 있는지 누가, 무엇을 근거로 판단할 수 있단 말인가? '건전한 국민정서'란 무엇이고 이는 왜 청소년들에게 특히 더 요구되는 것인가? 한국 사회의 현실과 모순을 아는 것이 왜 유해하다고 여기는가? 청소년에게 특정한 입장과 가치관을 받아들일 것을 의도하는 건 아닌가? 실제로 동성애가 청소년에게 유해하다고 판단한 여러 사례가 계속 문제가 되기도 했다. 영등위에서 실시하는 심의는 사실상 청소년 보호를 위해서라기보다 특정 가치관에 따른 선도와 교육 차원으로 접근하고 있다. 이를 통해 우리는 '청소년 보호'가 결코 가치중립적인 것이 아니라는 것을 알 수 있다. 청소년에게 무엇이 유해한지, 청소년이 무엇을 몰라야 하는지, 청소년에게 무엇을 교육하고 권장할 것인지 판단하는 기준은 정치적·사회적 분위기에 따라 달라질 수 있다. 결국 이는 청소년을 대하는 사회의 태도와 인식이 좌우하는 것이다.

연령을 기준으로 접근을 차단하는 제도는 그대로 둔 채, 심의 기준만 바꾼다고 해서 문제가 해결될까? 보다 객관적인 기준과 합리적인 체계를 갖추고 심의 위원을 다양하게 구성해 민주성을 확보하는 작업이 필요해 보인다. 그러나 이것 역시 문제를 근본적으로 해결하는 길은 아니다. 영상물 심의처럼 청소년을 보호하기 위해서라고 행해지는 각종 문화와 매체에 대한 심의가 정말 청소년을 '보호'하기 위한 것인지, 혹 '격리'하기 위한 것은 아닌지 다시 살펴야 한다. 지금의 심의는 정치적 기준, 특히 보수적 기준에 강하게 영향을 받고 있다. 곧 심의 자체가 정치적일 수밖에 없고, 구성원들의 이념이나 가치관의 영향을 받을 수밖에 없다는 한계를 인정해야 한다.

결국 이런 문제가 해결되려면 특정 이념이나 사회문제가 청소년에게 유해하다는 편견이 사라져야 한다. 우리는 나이에 관계없이 누구나 미디어의 영향을 받을 수 있다는 사실을 인정하고 받아들여야 한다. 청소년을 교육과 선도의 대상으로 바라보느냐, 문화적 권리 및 다양한 정보에 접근할 권리를 누릴 주체로 바라보느냐에 따라 심의제도에 접근하는 방식이 달라질 것이다. 청소년에게 다양하고 많은 정보를 제공하면서 스스로 판단하고 선택할 시간과 기회를 주어야 한다. 그것이 한국 사회가 청소년을 보호하고 있다는 착각에서 벗어날 수 있는 길이다.

# 청소년이라서
# '처벌받지 않는다'는 오해

인권 주장하려면 '소년법'부터
폐지하라는 억지에 대해

청소년 인권을 주장하다 보면 자주 접하는 반응이 있다. "청소년 인권 보장할 거면 청소년들 봐주는 '소년법'도 폐지해라" "성인과 똑같은 권리를 누리려고? 그럼 똑같이 처벌도 받아야지"와 같은 반응들이다. 특히 선거권 연령 하향 운동이 사회적 이슈로 떠오르자 '소년법 폐지'를 이야기하는 비아냥거림도 곧잘 접할 수 있었다. 청소년에 의한 집단 폭행 사건들이 터지며 소년법 폐지를 요구하는 국민청원이 올라오기도 했다. 이 같은 여론에 응답이라도 하듯 소년법상 촉법소년 연령을 현행 '만 10세 이상 14세 미만'에서 '만 10세 이상 13세 미만'으로 낮추는 내용의 법 개정안들이 국회에 발의되었다.

## '미성년자'는 처벌받지 않는다?

'요즘 청소년들 범죄가 심각해지고 있는데 그에 비해 처벌이 약하다'라는 게 사회의 인식이다. 그런데 정말 그럴까? 청소년은 범죄를 저질러도 처벌받지 않거나 약하게 받을까?

우선 만 14세 이상이면 일반 형사 절차에 따라 비청소년과 마찬가지로 처벌을 받는다. 만 10세 이상 14세 미만의 경우 소년법을 적용해 그에 따른 법적 조치들이 이뤄진다. 소년법은 19세 미만에 적용되는데, 사건 피의자가 만 14세 이상 19세 미만일 경우 소년법 절차가 적용되는지, 일반 형사 절차가 적용되는지는 검찰과 법원 등 수사와 재판 기관이 판단한다. 실제로 2018년 6월 일어나 주목을 받았던 '관악산 집단폭행 사건' 가해자들은 일반 형사 절차가 적용되어 징역형을 선고받았다.

소년법 절차를 따르는 경우에는 소년원 입소, 보호시설 감호 같은 보호처분 또는 보호관찰처분 조치가 이뤄질 수 있다. 누군가는 소년원 입소나 보호관찰처분이 형벌이 아니라고 생각할지도 모른다. 하지만 소년원에 입소하는 것은 교도소에 수감되는 것과 사실상 동일한 '구금' 조치다. 정해진 시설에 입소해 신체의 자유, 이동의 자유를 제한당하며 일과 전체에 대한 통제를 받기 때문이다. 보호관찰처분이나 보호시설감호의 경우에도 보호관찰소에 출석해야 하거나 교육을 이수해야 한다는 점 또는 거주의 자유나 생활에 통제를 받는다는 점에서 강제성을 띠고 있다. 곧 소년범 중 상당수가 실제 형법에 따라 실형을 선고받고 있으며, 보호처분을 받은 경우에도 법적·형식적 절차가 다른 것일 뿐 처벌을 받고 있는 셈이다.

따라서 소년범이 '처벌받지 않는다'라고 단순히 뭉뚱그려 말할 수 없다. 또 형법상 형사 미성년 연령이 만 14세 미만이라고 명시되어 있기 때문에 '형사책임 연령' 또한 만 14세까지라고 오해하는 경우가 많다. 하지만 10세 이상이면 역시 소년법상 보호처분 등 징벌적 성격의 처벌을 받는다. 이를 근거로 한다면 한국의 형사책임 최저 연령은 사실상 10세다. 그리고 이는 다른 나라의 사례와 비교해봤을 때 그리 높은 연령기준이 아니다.

청소년 범죄에 대한 또다른 왜곡된 인식은 요즘 10대들이 폭력, 살인 등 강력범죄를 많이 저지른다는 것이다. 많은 사람이 10대의 강력 범죄율이 증가하고 있으며 심각한 상황이라고 생각한다. 청소년 범죄 사건을 다룬 기사의 제목을 보면 '무서운 10대' '잔인한 10대'라는 표현이 자주 쓰인다. 그런데 실제로 연령대별 범죄율을 살펴보면, 범죄율이 가장 높은 연령대는 10대가 아닌 40대다(대검찰청의 인구 10만 명당 범죄 발생비를 보면 2015년 기준 40대는 5560.1명, 18세 이하는 737.4명이다. 살인·강도·상해·폭행죄 등 폭력범죄율 역시 2010년 기준 40대가 인구 10만 명당 882명으로 가장 높다). 하지만 어떤 언론에서도 '무서운 40대' '점점 흉포해지는 40대 범죄'라는 표현을 쓰지 않는다. 청소년 일부가 저지른 범죄를 두고 마치 청소년 집단 전체의 속성인 것처럼 일반화하는 것이다. 한국 사회가 청소년 범죄를 더 과장해 받아들이고 있는 셈이다. 그리고 이는 청소년에 대한 일종의 낙인찍기다.

청소년의 범죄·일탈 행위가 특히 문제시되는 까닭은 "청소년은 순수·순진해야 하는데" 같은 청소년에 대한 고정관념이 만연해 있어서다. 이런 왜곡된 인식은 "애들이라고 봐주고 있다, 제대로 처벌받지 않는다"라며 청소년 집단을 혐오하는 또다른 왜곡을 낳는다. 청소년 범죄를 과장해서 문제시하고 청소년 범죄에 대한 잘못된 믿음을 퍼뜨리는 것이 과연 문제 해결에 도움이 될까? 무엇이 문제인지는 제대로 살피지도 못하면서 한국 사회가 그저 낙인찍기에만 매몰되어 있는 건 아닐까?

## 참정권을 바란다면 소년법을 폐지하라고?

참정권을 비롯해 청소년 인권을 주장할 때 돌아오는 "그럴 거면 소년법도 폐지하라"라는 말은 소년법을 폐지하고 청소년 참정권을 보장해주자는 진지한 주장으로 보기는 어렵다. 그 주장을 펴는 사람들이 청소년을 비청소년과 똑같이 처벌하는 것, 그래서 청소년에게 참정권이 주어지는 것을 바라는 게 아니라는 이야기다. 이는 마치 여성 인권을 보장해달라고 요구했더니 "그럴 거면 여자도 군대에 가라"라고 하는 주장과 별반 다르지 않다. 청소년이 일종의 사회적 특혜를 받고 있는 집단이기에 그들의 권리 요구는 적반하장이라는, 이른바 소수자에 대한 일종의 혐오 감정이 깔려 있는 것이다.

참정권 등 인권이 무언가 대가를 치러야만 보장받을 수 있는 것이라는 생각도 타당하지 않다. 과거에는 '국가에 기여하는 바가 있다'라는 이유로 재산이 있는 자에게만 참정권이 허용되던 시절이 있었다. 그러나 오늘날 재산에 따라 차등해 참정권을 주어야 한다고 생각하는 사람은 아무도 없다. 참정권은 보편적으로 보장되어야 할 기본 권리이기 때문이다. '천부인권'이라는 말처럼 인권은 '모든 사람이 태어날 때부터 갖는 권리', 곧 아무런 대가 없이 그저 인간이라는 이유만으로 주어지는 것이다.

"권리에는 의무가 따른다. 그러므로 의무를 다하라"라는 이야기는 전통적으로 인권을 억압하는 논리로 활용되어왔다. 지금 청소년 인권을 보장하라고 요구하는 것은 사회가 그동안 제대로 보장하지 못했던, 오히려 박탈하고 있었던 청소년의 기본 인권을 지키기 위해서다. 청소년 인권 보장을 요구하는 목소리에 '책임과 의무'를 운운하는 것은 비청소년 중심 사회에서 충분히 고려되지 못하고 있는 청소년들의 기본권을 외면하는 행태나 마찬가지다.

"참정권을 보장하려면 소년법부터 폐지하라"라는 식의 청소년 인권을 부정하는 논리의 또다른 오류는 두 가지 문제가 서로 다른 주제인데도 마치 양자택일의 문제인 것처럼 접근하는 데 있다. 청소년 참정권을 보장하는 문제는 한국 사회의 민주주의를 어떻게 더 확장할지 고민하는 것이다. 청소년을 한 사람의 시민으로서 존중해야 한다는 문제의식이며, 청소년도 사회 구성원으로서, 여러 사회문제나 정책에 영향을 받는 당사자로서 이 사회에 참여하고 목소리를 낼 권리를 가져야 한다는 뜻이다. 그것이 청소년 참정권 보장의 핵심이다.

한편, 청소년 범죄에 대한 대응 문제는 어떻게 사회 전체의 범죄를 줄이고 재발을 방지할 것인가의 논의를 필요로 한다. 따라서 소년법에 대한 논의 역시 소년범을 어떻게 대해야 하는지, 청소년들이 일으키는 범죄를 어떻게 하면 줄일 수 있고 재발을 방지할 수 있을지에 초점이 맞춰져야 한다. 이때도 적절한 처벌의 정도는 범죄·가해에 대한 책임의 범위나 효과를 고려해 결정되어야 한다. 이는 청소년이라는 집단 전체의 의무로 논의될 일이 아닐뿐더러 그 대가로 권리를 부여할 수 있다, 아니다 하는 식의 이야기로 접근할 일은 더더욱 아니다. 그렇기에 청소년 참정권을 보장하려면 소년법을 폐지해야 한다는 주장은 그 자체로 말이 되지 않는다.

### 소년법, 문제는 있지만…

만약 소년법을 개정해야 한다면, 주목받지 않는 현행 소년법의 다른 문제를 짚어볼 필요가 있다. 물론 현재 소년법에 따른 보호처분이 실효성이 있는지, 재범 방지 역할을 제대로 하고 있는지 따져보고 개선해야 한다.

또다른 예를 들면, '우범소년'의 정의와 그들을 처벌 대상으로 보는 조항들이 있다. 소년법에서는 소년보호사건의 대상자가 되는 '우범소년'을 다음과 같이 정의하고 있다.

집단적으로 몰려다니며 주위 사람들에게 불안감을 조성하는 성벽이 있는 자, 정당한 이유 없이 가출하는 자 등.

조항은 남에게 해를 입히거나 형사적 잘못을 저지른 게 아니더라도 '보호처분'이라는 이름으로 청소년을 사실상 처벌하는 게 가능하도록 되어 있다. 사람들이 청소년 범죄를 더 강하게 처벌해야 한다는 데에는 열을 올리지만, 이처럼 모호한 조항으로 청소년들을 범죄 집단화하는 법조항의 문제는 거의 신경 쓰지 않는다는 것은 어찌 보면 참 모순적이다. '아이들'을 사랑하고 보호해야 한다고 실컷 말하지만 정작 '아이들'을 존중하며 함께 사는 방법은 익히지 못한, 청소년 인권에 무관심한 한국 사회의 단면을 보여주는 것만 같다.

청소년들은 범죄를 저질러도 처벌받지 않으며 책임을 지지 않는다는 오해를 오랫동안 받아왔다. 이런 오해로 청소년들은 권리를 누리고 주장할 자격이 없다는 인식이 널리 자리 잡았다. 그러나 소수자 집단의 인권 보장의 정당성은 형사제도가 그 집단에게 얼마나 더 가혹한지에 달려 있는 것이 아니다. 범죄를 저지르고도 처벌받지 않는 특권을 누리고 있는데 거기다 인권 보장까지 요구하는 '특권층 청소년' 같은 것은 세상에 존재하지 않는다. 만일 청소년 인권 문제를 이야기할 때 "요즘 애들은 범죄를 저질러도 제대로 처벌받지 않던데…" 하는 생각부터 든다면, 당신의 편견을 먼저 돌아봐야 할지도 모른다.

## 용어 설명

**소년법** – 소년법은 범죄 행위를 한 소년(만 19세 미만의 사람)의 형사사건을 처리하는 형사 특별법으로, 소년범과 우범소년에 대한 형사처벌의 특례와 보호처분 등을 규정하는 법률이다.

**촉법소년** – 10세 이상 14세 미만의 소년으로서 형벌 법령에 저촉되는 행위를 한 자. 곧 형사 미성년자이기 때문에 범죄 행위를 저질렀으면서도 형법상 형벌이 과해지지 않는 소년을 말하며, 보호처분을 원칙으로 한다.

**형사책임 연령** – 죄를 범한 것에 대한 형사상의 책임을 지도록 정한 나이를 말한다.

# '촉법소년 연령' 논의와
# '민식이법 놀이' 이야기의 공통점

### 청소년은 정말 특권층일까?

 

 

2017년 문재인 정부의 청와대 국민청원 제1호는 '청소년 보호법 폐지'였다. 그런데 그 내용은 청소년 유해 환경 규제, 매체 심의 등을 담은 '청소년보호법'을 없애 달라는 게 아니었다. 형사 법령에 저촉되는 행위를 한 청소년에게 형사처벌이 아닌 '보호처분'을 가능케 한 소년법 내지는 형사미성년제도 등을 폐지해달라는 것이었다. 청원인이 '청소년보호법'이라는 명칭을 쓴 것은 청소년 관련 사법제도(소년 사법)에 대한 사람들의 무지와 더불어 이 문제가 사람들에게 어떤 프레임으로 인식되고 있는지를 드러냈다.

윤석열 정부는 임기를 시작하자마자 '110대 국정과제'를 통해 "범죄로부터 안전한 사회 구현"을 하겠다며 "촉법소년 연령 기준 현실화", 곧 형사처벌 대상 연령 하향 입장을 보였다. 법무부도 2022년 6월, '촉법소년 연령 기준 현실화 TF'를 꾸리며 연령 기준 하향 추진을 발표했다. 사실 이런 정책은 윤석열 대통령이 당선되지 않았더라도 추진되었을 공산이 크다. 대선 당시 더불어민주당 이재명 후보와 국민의당 안철수 후보 모두 유사한 공약을 냈고, 국회에서 여러 정당이 비슷한 방향의 법안을 발의한 상황이었기 때문이다. 그 배경에는 청소년이 연루된 범죄 사건들을 자극적으로 보도해온 언론의 행태 그리고 널리 뿌리 내린 '청소년들을 보호해줬더니 법을 악용한다'라는 담론이 자리 잡고 있다.

## 청소년이 특권층이라고?

이런 모습은 형사처벌 대상 연령 하향에 관해서만 나타나는 게 아니다. 보호·지원 제도를 악용한 사회적 소수자 때문에 '평범한 사람'이 억울한 피해를 당한다거나 피해자와 가해자가 역전된다는 역차별 서사는 소수자에 대한 차별·혐오의 논리로 자주 사용되곤 했다. 가령 여성이 악의를 갖고 남성에게 성폭력을 당했다고 무고해 억울하게 처벌받게 한다는 '꽃뱀' 이야기가 대표적이다. 이른바 '민식이법' 논란, 곧 학교

앞 어린이보호구역 강화정책을 놓고도 비슷한 이야기가 나왔다. 어린이들이 이 법을 악용해 '놀이'를 하고 있어서 억울하게 처벌받는 운전자가 늘어날 것이라는 우려였다.

그러나 어린이보호구역 강화를 악용하는 어린이들의 놀이라는 것이 그 실체가 잘 확인되지 않았듯이 '형사처벌'을 받지 않는 것을 이용해 특혜를 누리는 촉법소년들이 있다는 것 역시 상당 부분 허상이며 과장되어 있다. 실제로는 현재도 만 10세 이상은 자유를 제한하거나 박탈하는 처분을 받고 있다. 소년법을 적용받은 청소년들은 대개 소년분류심사원, 소년원, 재판에서의 경험을 두렵고 괴로운 일로 기억하지, 편안하고 이득을 본 일로 기억하지 않는다. 보호처분이나 피해에 대한 배상, 가정·학교에서의 처벌, 사회적 낙인 등 여러 제재가 있는데 단지 형사처벌만 받지 않는다는 이유로 청소년들이 거리낌 없이 범죄를 저지를 것이라는 생각은 너무 비현실적이다. 오히려 미디어나 온라인에서 종종 언급되는 "청소년(촉법소년)은 범죄를 저질러도 처벌받지 않는대"라는 단편적이며 잘못된 정보의 확산이 범죄를 조장하고 있지는 않은지 짚어봐야 한다.

또 청소년들이 범죄를 저질러도 처벌을 비교적 약하게 받는 사례를 놓고 일종의 특권인 것처럼 이야기하는 것도 부적절하다. 자기결정권을 보장받지 못하고, 사회적 지위도 없으며, 경제적으로도 취약한 위치에 있는 많은 청소년의 상황을 제대로 바라보지 않는 것이기 때문이다. 심지어 현행 소년법상 청소년들은 '범죄를 저지를 우려가 있다' '품행이 불량하다'라는 이유만으로도 소년재판과 보호처분을 받을 수 있게 되어 있는데 무슨 특권이란 말인가. 기존 사회질서 안에서 자기 자리를 인정받기 어려운 존재, 일상적으로 자기 삶을 꾸리고 만들어갈 수 없는 사람이 범죄에 연관될 때 선처나 지원을 받는 것이지, 이를 두고 특권이라 말할 수는 없다. 형사 법령에 저촉되는 행위를 하는 청소년 대다수가 가정과 학교라는, 청소년에게 주어진 자리에서 배제된 열악한 조건에 놓여 있다는 점에서 더욱 그렇다.

### 청소년과 범죄를 보는 관점의 전환

2019년 유엔아동권리위원회는 형사처벌 대상 연령을 만 14세 이상으로 유지하라고 유엔아동권리협약 가입국에 권고했고, 대한민국 정부에 대한 정기 심의에서도 같은 입장을 보였다. 이는 관련 연구에 근거한 것이자 국제적 추세. 게다가 '청소년 범죄가 늘어나고 악화되고 있다'라는 사람들의 인식은 사실과 다르다. 통계상 청소년 범죄 수는 10~20년간 길게 보면 오히려 감소했고, 최근에도 큰 변화가 없다. 언론들이 몇몇 사건을 집어 "흉포화" "심각" 등의 헤드라인을 달아 사건을 과대 포장했을 뿐이다.

이런 상황에서 정부가 추진하는 형사처벌 대상 연령 하향은 뚜렷한 근거 없이 '청소년들이 법을 악용한다'라는 세간의 왜곡된 인식에 부응하려는 정책이다. '청소년 범죄는 형사처벌만 강화하면 해결될 것'이라는 지나치게 단순화한 접근법에 힘을 실어주는 것이기도 하다. 그러나 이런 엄벌주의는 당장 만족감은 줄지 몰라도 장기적으로는 재범률을 높이고 사회적 비용을 초래할 수 있다. 형사처벌 대상 연령 하향을 무리하게 추진할 경우, 가정환경이 좋지 않아 법적 조력을 받지 못하거나 보호처분의 효과를 기대하기 어렵다고 판단되는 청소년이 더 많이 형사처벌의 대상이 되는, 유전무죄-무전유죄의 경향이 심해질 수 있기 때문이다.

법무부의 '촉법소년 연령 기준 현실화 TF'에서는 다각도에서 부작용 없는 정책을 마련하겠다고 말하지만 그 명칭부터가 연령 하향을 추진하려는 의도가 뚜렷하고, 여러 정책을 연구하고 시행하는 일이 쉽지 않기에 결국 실질적 변화는 형사처벌 대상 연령만 낮추는 데 그칠 가능성이 높다. 정부가 해야 할 것은 청소년 관련 사법제도에 대한 사람들의 오해를 바로잡고, 청소년 등 소수자들이 보호·지원을 악용한다는 식의 혐오 담론이 확산되는 것을 적극 차단하는 일일 것이다. 나아가 범죄가 줄어들도록, 재범이 일어나지 않도록 청소년들의 삶을 종합적으로 살펴야 한다. "범죄로부터 안전한 사회"를 만들고 싶다면 처벌 대상을 확대하기보다는 예방에 더 힘쓰는 게 마땅하다.

청소년의 인권을 보장해야 한다고 주장하면, 청소년 범죄가 온정주의적으로 대우받는 것 아니냐는 질문을 종종 받는다. 일단 범죄에 연루되는 청소년은 전체 청소년 가운데 소수인데도 청소년 전체의 인권이나 사회적 지위와 결부시켜 이야기하는 것 자체가 불합리한 차별이다. 나아가 지금까지 청소년 관련 사법제도에 대해서는 온정주의냐, 엄벌주의냐 하는 이분법만 이야기했다. 청소년들은 순수하고 무고한데 가족(부모) 때문에 그렇게 되었다는 식의 온정주의는 청소년을 타자화하고 시혜 대상으로 삼는 태도다. 그리고 이는 순수성을 벗어난 듯한 청소년들에게 엄벌주의를 적용하게 만든다. 청소년 관련 사법제도가 존재하는 이유는 재범을 방지하는 등 사회적 공익을 고려한 것이자 소수자에 대한 적합한 지원을 위해서라고 이해되어야 한다. 청소년을 이 사회에서 함께 살아갈 존재로 여기는 것 그리고 범죄를 범죄자 개인만의 문제가 아닌 사회적 문제로 바라보는 시각이 청소년 관련 사법 제도를 논하기 위한 밑바탕이 되어야 할 것이다.

# 왜 '청소년 보호'가
# 차별과 혐오의 핑계가 되는가

청소년은 이 사회에서
평등한 구성원이 아니다

2020년 2월, 서울 서교동에 있는 퀴어 페미니즘 책방 '꼴'에 대한 '테러'가 있었다. 서점 벽에 래커로 'X'를 그리고, 포스터에 "동성애 해서 부모님이 슬프셨겠죠?" "동성애는 죄입니다!" 등의 글자를 쓰는 등 악의적 훼손이 가해졌다. 범인은 얼마 되지 않아 잡혔고 '재물손괴' 혐의로 경찰 조사를 받았다. 범인은 책방 꼴 측에 합의해달라며 남긴 글에서 "미성년자 보호 차원에서" "미성년자에게 안 좋은 영향을 끼치는 것이 염려되어" 한 행동이었다며, 도리어 책방 꼴에 "회개하라"는 요구를 했다고 한다. 차별금지법도, 무엇도 없는 상황에서 비록 법에 따른 처벌은 재물손괴로만 가해졌지만, 범인의 행위에 대한 사회적 평가는 차별 선동, 혐오 표현 행위로 지탄받아 마땅할 것이다.

그런데 범인이 자신의 범행 동기로 "미성년자"를 언급한 점이 눈에 띈다. 사실 상당히 흔한 경우이기는 하다. 퀴어문화축제를 방해하려 드는 사람들이 단골로 들고 나오는 말도 "청소년, 미성년자들도 다 지나다니면서 보는 공개된 장소인데 어찌 공공연히 동성애 등 성소수자에 대한 내용을 표출하느냐"는 것이다. 몇 년 전 EBS의 토크쇼 〈까칠남녀〉에 항의하던 단체들 역시 "교육방송이 아이들을 망친다"라며 프로그램 중단을 요구한 바 있다.

이처럼 성소수자를 차별·혐오하는 언행에 청소년을 들먹이는 것이 한국만의 일은 아니다. 대표 사례로 러시아에서는 2013년 '동성애 선전 금지법'이 통과되었다. '미성년자에게 비전통적 성 관념을 형성하는 정보, 비전통적 성관계에 대한 관심을 일으키는 정보를 선전하거나 주입하는 것'을 금지하는 내용의 법이다. 여기에서 '비전통적'이라는 개념은 말할 것도 없이 동성애자를 비롯한 성소수자를 타깃으로 한 것이다. 이 법에 따라 러시아에서는 '비전통적 성관계'(동성애)가 '전통적 성관계'(이성애)와 평등하다고 미성년자에게 홍보하는 것도 불법이다. 성소수자에 대한 차별·혐오의 명분을 '청소년들에게 전통적 가치를 가르쳐야 한다'는 데서 가져오고 있는 셈이다.

## '아이들' '청소년'이 불러일으키는 것

성소수자를 차별하고자 하는 사람들, 혐오하는 사람들은 왜 단순히 "동성애는 나쁘다"가 아닌 "아이들을 동성애로부터 지켜야 한다"라고 말하는 걸까? 이는 한국 사회에서 어린이·청소년이 평등한 구성원이라기보다 교육·선도의 대상으로 인식되는 것과 관계가 깊다.

비록 한국 사회에 성소수자에 대한 차별이 만연해 있긴 하지만 다양성 존중은 한국 사회가 표방하는 주요 가치 중 하나다. 그래서 대놓고 동성애자나 트랜스젠더 등 성소수자를 부정하려는 사람은 의외로 많지 않다. 예컨대 2017년 한국갤럽 여론조사 결과 "동성애도 사랑의 한 형태로 본다"라고 긍정하는 응답이 56%나 나오기도 했다. 곧 성소수자에 대해 '내가 좋아하진 않지만, 잘 이해할 순 없지만, 나와 다른 것뿐이니 존중할 수는 있다'라는 식으로 생각하는 사람이 많다는 뜻이다.

그런데 어린이·청소년을 불러오면 사람들이 문제에 접근하는 태도가 달라진다. 비청소년들 사이에서는 그래도 '서로의 취향이나 삶을 존중한다'라는 원칙이 힘을 발휘하는 편이다. 반면 어린이·청소년들에게는 이른바 '바람직한 것' '사회적으로 올바른 것'을 가르치고 그런 방향으로 이끌어야 한다는 생각이 더 강하게 작동하는 것이다.

그래서 '어린이·청소년'과 '동성애'를 연결시키면 프레임이 전혀 달라진다. '동성애를 사랑의 한 형태로 차별하지 않고 존중하는가?'라는 질문이 아니라 '아이들에게 가르치거나 알려줄 만큼 동성애가 바람직하고 좋은 것인가?'라고 질문하는 경우다. 이성애가 동성애에 비해 우월한 것도, 성소수자가 비성소수자에 비해 잘못되었다거나 바람직하지 못한 것도 아니지만 여전히 많은 사람이 성소수자에 대해 차별적 편견이나 거부감을 가지고 있고, 그저 다양성이나 개성을 존중해야 한다는 의식 정도에 머물러 있는 것이 실상이다. 그런 사람들은 '아이들에게 가르치거나 알려줄 만큼 동성애가 바람직하고 좋은 것인가?'라는 질문 앞에서 한층 더 대답을 주저하기 마련이다.

곧 '아이들'을 거론하는 것만으로 프레임을 우열의 문제, 사회의 주류로서 더 인정받고 권장받는 가치가 무엇인지를 가리는 문제로 바꿀 수 있는 것이다. 나아가 문제를 시민 사이의 평등과 존중이 아니라 '부모(어른)'와 '자식(아이)' 사이의 문제로 인식하게 만들면, 성적 지향이나 성별 정체성은 쉽사리 공존과 존중의 대상이 아닌 독선적 판단, 교정의 대상이된다.

게다가 한국 사회에서 어린이·청소년을 보호하고 선도해야 한다는 말은 강력한 도덕적 힘을 가지고 있다. 이는 어린이·청소년의 순수성이나 무고함에 의해 뒷받침되고, 사회의 '미래'를 지켜야 한다는 이유로 정당성을 얻는다. 또 이런주장은 사람들에게 긴급하게 나설 것을 요청하는 힘도 가지고 있다. '아이들을 지키기 위해 어서 행동해야 한다'라는 호소는 차별을 선동하고 혐오를 표현하는 사람들에게 강한 동기이자 명분이 되어준다. 그래서 사회적으로나 법적으로 문제가 될 법한 과격한 행동, 폭력적 행동도 서슴없이 할 수 있게 해준다. 책방 꼴에 래커와 매직으로 공격을 가한 사람처럼말이다.

## 청소년을 존중했다면

어린이·청소년을 보호하기 위해서라며 성소수자 차별을정당화하는 것은 명백하게 성소수자에 대한 혐오다. 그리고이런 행태는 어린이·청소년에 대한 차별과 편견을 깔고 있기도 하다. 어린이·청소년을 개성과 인격을 가진, 존중받아야 할 인격체가 아니라, 일방적인 선도·교육·보호의 대상으로만 여기는 것이기 때문이다.

만일 한국 사회가 어린이·청소년을 평등한 사회 구성원으로 존중하는 사회였다면 어땠을까. 어린이·청소년이 제각각 존중받아야 할 다양성과 개성을 가진 존재들이라는 것을, 어린이·청소년 중에도 여러 소수자가 있을 수 있다는 것을 인정하는 사회였다면 어땠을까. '어린이·청소년'이라는 말을 들고 나온다고 해서 차별 선동이 더 설득력을 갖지는 못했을 것이다.

성소수자의 경우가 대표 사례이긴 하지만, 사회에서 혐오의 대상이 되는 각종 소수자에 대해 이야기할 때 '아이들'이 소환되는 것을 자주 목격한다. 예를 들면, 외국인이나 난민에 대한 혐오를 선동하면서 '아이들을 그들의 범죄로부터 지켜야 한다'라는 논리를 펴는 식이다. 노숙인이나 빈민, 장애인에 대해 이야기할 때도 마찬가지다.

어린이·청소년을 혐오의 핑계로 삼는 것이 유독 더 힘을 얻는 것은 어린이·청소년을 함께 살아가는 자유롭고 평등한 구성원으로 대하지 않아서다. 한국 사회가 어린이·청소년을 대할 때 존중하는 태도보다 가르치거나 선도해야 한다는 태도를 앞세우는 사회로 계속 나아가는 건 아닌지 뒤돌아볼 필요가 있다. 한국 사회는 서로 얽혀 있는 차별과 혐오를 극복하고 진짜 평등을 추구하는 사회로 나아갈 수 있을까? 오늘의 한국 사회가 마주하고 있는 또하나의 과제다.

# 성교육 책 회수 촌극,
# 어린이에게도 알 권리가 있다

정확하고 평등한 성교육은
어린이·청소년의 권리

청소년 시절 내가 경험한 성교육을 돌아본다. 나는 다른 청소년보다 성교육을 받을 기회가 비교적 많았다. 기껏해야 2~3번 정도 차이겠지만, 주변에 잘 아는 성교육 강사가 있었기에 센터에서 성교육에 참여할 수 있었던 것이다. 그런데 학교에서 배운 성교육의 경우에는 주로 임신과 피임에 초점이 맞춰져 있었고, 성차별적 내용도 많았다. "여성은 나중에 출산을 해야 되니 몸을 조심히 해야 한다"라는 말을 빼놓지 않고 들었다. "월경을 해야지만 진정한 여성이 될 수 있다" 같은 말을 듣기도 했다. 학교 밖 센터에서 겪어본 성교육의 경우도 그리 다르지 않았다. 임신을 하면 몸이 얼마나 무거워지고 신체가 어떻게 바뀌는지 체험하기 위한 옷을 입어보는 등 임신 대비가 주된 내용이었다. 이렇듯 다수 청소년이 학교 등에서 접하는 성교육에서는 성에 대한 구체적이고 실질적 내용은 잘 다루지 않는다. 특히 여성 청소년은 '이후 임신을 준비해야 될 존재'인 것처럼 생각되는 교육을 받곤 한다.

성교육 경험을 다시 떠올리게 된 것은 2020년 8월, 여성가족부가 초등학생 성교육을 위해 진행한 '나다움 어린이책' 사업을 두고 때아닌 논란이 일었기 때문이다. 여성가족부에서 2019년 '나다움 어린이책' 사업의 일환으로 5개 초등학교에 배포한 145종의 책 가운데 7종에 대해 일부 단체가 문제 삼은 것이 시작이었다. 문제 제기를 한 단체에서는 전체적인 맥락에서 책 내용을 바라보지 않고 일부 그림과 설명만 부각시켰다. 성에 관한 자세한 정보를 담은 책이 어린이에게 성관계를 부추긴다거나, 다양한 성소수자를 평등하게 묘사한 부분이 동성애를 조장한다는 등의 주장이었다. 급기야 2020년 8월 25일 김병욱 국민의힘 국회의원은 '나다움 어린이책' 중 일부를 놓고 "조기성애화 야기 우려" "동성애를 자연스러운 것으로 표현" 등의 말로 문제를 제기했다. 그러자 바로 다음 날, 정부는 해당 책들을 회수하겠다고 발표했다.

## 어린이·청소년의 알 권리와 교육권

유엔아동권리협약은 다음과 같이 다양한 정보에 접근할 권리, 특히 복지와 건강을 위한 정보에 접근할 권리를 보장해야 한다고 명시하고 있다.

### 유엔아동권리협약 제17조

당사국은 대중매체가 수행하는 중요한 기능을 인정하며, 아동이 다양한 국내적 및 국제적 정보원으로부터의 정보와 자료, 특히 아동의 사회적·정신적·도덕적 복지와 신체적·정신적 건강의 향상을 목적으로 하는 정보와 자료에 대한 접근권을 보장하여야 한다.


해당 책들에 대해 김병욱 의원 등이 문제 삼은 것 중 하나는 바로 '성교에 대한 적나라한 그림, 정보' '노골적 표현'이었다. 그러나 부정적 편견 없이 성에 대해 정확하고 명확한 정보를 접할 수 있는 것이야말로 국제인권법이 보장하고 있는 어린이·청소년의 정보 접근권이다. 일부 비청소년이 자의적 가치관으로 '어떻게 성에 대한 이런 구체적 내용을 애들에게 알려주나'라며 함부로 막아서면 안 되는 것이다.

또 유엔아동권리협약은 교육에 대해 "인권과 기본적 자

유 등에 대한 존중의 진전" "인종적·민족적·종교적 집단 및 원주민 등 모든 사람과의 관계에 있어서 이해, 평화, 관용, 성 性의 평등 및 우정의 정신에 입각하여 자유사회에서 책임 있는 삶을 영위하도록 하는 준비"를 목표로 삼아야 한다고 규정하고 있다. 이는 교육이 다양한 소수자에 대한 이해나 관용, 평등 그리고 인권 존중을 위해 이뤄져야 한다는 뜻이다. 성교육에 대한 국제지침에서도 차별 금지, 평등, 성적 다양성 등이 교육과정에 포함되어야 한다고 권하고 있다.

이번 논란에서 지목된 책들에서 소수자들이 평등하게 인권을 존중받아야 한다는 내용이나 다양한 가족 형태를 차별 없이 묘사한 내용 등은 이런 교육의 목적·지침과 일치한다. 오히려 해당 책들 중에는 1970년대에 처음 집필된 책이 포함되어 있는 등 다양성이나 평등의 관점에서 부족한 내용이 눈에 띌 정도였다. 물론 이런 미진한 부분은 '어린이들이 봐서는 안 될 책'이라고 대응할 문제가 아니라, 독서와 교육과정에서 다른 교육 자료를 함께 사용함으로써 보완해야 할 문제다. 그러나 김병욱 의원은 동성애나 성소수자, 다양한 가족 형태 등을 긍정적으로 표현했기 때문에 문제라고 주장했다. 사실상 어린이·청소년의 온전한 교육에 대한 권리 보장에 반대하고 있는 셈이다.

게다가 '나다움 어린이책' 논란과 정부의 책 회수 조치는 더욱 심각한 악영향을 초래할 수 있다. 국회와 정부가 학교 현장에서 성에 대한 정확한 정보, 성소수자에 대한 반차별적 내용 등을 다뤄서는 안 된다는 메시지를 준 것이나 다름없기 때문이다. 해당 책의 보급이나 교육적 활용이 어려워진 것만이 아니라, 그런 내용을 다루는 교육 활동이 전반적으로 위축될 수밖에 없다. 차별과 편견 없이 정확한 내용을 담은 성교육이나 다양한 형태의 가족, 소수자 등에 대한 교육에 참여하는 어린이·청소년의 권리 실현에 부정적 환경이 된 것이다.

이 논란에서 간과되고 있는 점은 바로 어린이·청소년의 알 권리와 교육권이다. '나다움 어린이책'을 둘러싼 논란에서는 어린이·청소년에게 '무엇을 가르칠 것인가'라는 관점에서 논의가 이뤄지고 있다. 그래서 마치 한쪽은 보수적인 성교육을, 한쪽은 진보적인 성교육을 주장하는 것처럼 비친다. 하지만 이 사태에서 어린이·청소년을 단지 가르치는 대로 배워야만 하는 존재로 바라봐서는 안 된다. 어린이·청소년은 성교육 과정에서 성적 자기결정권과 알 권리, 교육권을 보장받아야 할 권리의 주체다. 성교육 내용과 방식 역시 어린이·청소년의 인권이 기준이 되어야 한다. 정부는 너무나 쉽게 해당 책들을 회수하겠다고 결정하면서 '문화적 수용성' 문제라고 이유를 댔다. 정부가 보편적 인권의 관점이 결여된 채 이 문제를 문화적 차이 정도로만 생각하고 있다는 한계를 드러낸 것이다.

## 가장 큰 책임은 정부에 있다

이 사태의 1차 책임은 일각의 반인권적 의견을 그대로 국회에 들고 와 논란을 일으킨 김병욱 국민의힘 국회의원에게 있다. 그러나 더 큰 책임은 곧바로 '나다움 어린이책' 사업에서 거론된 책들을 회수하겠다고 밝힌 정부에 있다. 사실 한국 정부는 오랫동안 청소년 인권을 존중하는 데 무관심한 태도를 보였다. 2015년, 국가 수준 학교 성교육 표준안에서는 청소년의 성적 권리나 성소수자에 관한 내용을 다루지 말라고 직접 언급하기까지 해 많은 비판을 받았다. 유엔아동권리위원회는 2019년, 대한민국에 대한 심의 결과 학교 성교육에서 성소수자 등을 다루지 않는 문제를 지적하며 "다양한 성적 지향과 성별 정체성 관련 내용을 적절히 포괄하여 적합한 성교육을 제공할 것"을 권고한 바 있다. 그러나 심의 당시 한국 정부 담당자의 답변은 "계획이 없다"는 것이었다. 이처럼 한국 정부가 청소년이나 성소수자의 인권을 부담스러운 요소로 보고 있다고 의심할 만한 모습이 여러 차례 드러났다. 김병욱 의원의 지적 하루 만에 정부가 책 회수를 결정한 것은 한국 정부가 인권 신장을 위해 노력할 책임을 회피하려 하는 일관된 태도의 산물인 것이다.

불행 중 다행일까. '나다움 어린이책' 사건 이후 한국 사회에서 성교육에 대한 논의가 보다 활발하게 일어났다. 이런 일련의 사태가 정부의 반인권적 주장에 굴복해 책을 회수하고 어린이·청소년의 권리를 후퇴시킨 결말로 끝나지 않기를 바란다. 정부의 소극적·미온적 태도는 청소년을 비롯해 소수자의 인권 현실을 후퇴시킬 뿐이다. 이번 사건을 그동안 한국 정부의 방침과 학교 성교육의 문제점을 반성하고, 청소년 인권과 소수자 평등을 보장하는 방향으로 학교 운영 방침과 교육과정을 개혁하는 계기로 삼아야 한다. 그것이 유엔아동권리협약에 가입했고 청소년의 인권을 보장해야 할 의무가 있는 한국 정부의 책임이다.

# '죽을 시간'조차 없는 청소년?
# 자살만 예방할 게 아니다

청소년들의 죽음보다 삶에 주목하길

　　과거에는 언론에서 청소년의 자살 소식을 종종 접할 수 있었다. 특히 수능시험이 끝난 직후 '성적 비관'으로 수험생이 자살했다는 기사가 많이 올라왔다. 그런데 언제부터인지 언론에서 이런 소식을 잘 다루지 않았다. 그러면서 이 문제에 대한 사회적 관심도 줄어든 것 같다.

　　생각해보면 자살은 개인적 불행이기도 하기에 모든 사건이 기사화되는 것이 바람직한 일은 아니다. 유족의 의사까지 고려해 언론 윤리에 따라 보도에 더 엄격해진 탓도 있을 것이다. 청소년 자살 보도가 감소한 것은 그 소식을 자주 전하거나 상세하게 묘사할수록 유사 충동을 일으킬 수 있다는 지적이 있어서일 것이다. 실제로 한국기자협회의 '자살 보도 권고 기준'에서는 "자살 사건은 되도록 보도하지 않는다" "자살 사건은 주요 기사로 다루지 않는다"라고 명시하고 있다.

그런데 '성적 비관 자살' 같은 표현에는 사실 문제가 많다. 청소년이 학업 성적을 '비관'했다는 것에 방점을 찍고 있기 때문이다. 이 말은 공부를 충분히 잘하지 못했다는 인상을 줄 뿐 아니라 개인의 잘못된 판단으로 자살을 택했다는 의미도 담고 있다. 자살의 원인은 대개 복합적이다. 이에 '자살 보도 권고기준'에서도 자살 동기를 단순화해 보도하지 말라고 이야기한다. 경쟁적인 교육 환경 속에서 죽음에 이르게 된 사례 상당수는 잘못된 교육제도나 사회구조 아래에서 스트레스를 받으며 과로한 끝에 육체적·정신적으로 궁지에 몰린 결과라고 봐야 한다. 과중한 업무에 시달리던 노동자의 죽음을 '업무성과를 비관한 자살'이라고 말하는 경우는 없지 않은가. 따라서 '성적 비관 자살'보다는 '장시간 학습에 의한 과로 자살' '경쟁 교육 속에서 번아웃으로 인한 죽음'이라고 표현하는 게 더 적확할 것이다.

## 줄어들지 않은 자살률

언론에 보도되지 않는다고 해서 청소년 자살이 줄어든

것은 물론 아니다. 오히려 최근 청소년 자살률이 증가하고 있다. 통계청 사망 원인 통계에 따르면 청소년(10대)의 사망 원인 1위는 자살(고의적 자해)이다. 그 수는 2020년 315명, 2021년 338명에 이른다. 〈2022년 자살예방백서〉 자료에 따르면 청소년(9~24세) 자살률은 인구 10만 명당 2017년 7.8명이었다가 2020년에는 11.1명으로 늘었다. 청소년 자살 문제를 입시제도나 학교폭력 문제와 관련지어 주목하던 1980~2000년대 수치와 비교해봐도 그 수는 더 늘어났다. 언론에 보도되지 않으면서 과거에 비해 이 문제에 대한 사회적 관심이 줄어든 것은 아닌지 우려된다.

사실 한국 청소년의 자살률은 다른 나라, 다른 연령대와 비교해봤을 때 그리 높지 않다. 한국이 자살률 세계 1위를 차지한 주된 원인은 매우 높은 노인 자살률에 있다. 10대 자살률은 OECD 국가 중에서는 중상위권 정도다. 연령별 자살률은 외려 20대 이상이 10대보다 더 높다. 그렇다면 다른 연령대와 비교해 수치가 낮으니 괜찮다고 할 수 있을까?

〈2022년 자살예방백서〉에 따르면 한국 비청소년의 자살생각률과 자살계획률은 2020년 기준으로 각각 5.4%, 1.6%였다. 반면 청소년의 경우 각각 14.0%, 4.4%로 나타났다. 비청소년 인구에 비하면 청소년의 자살생각률과 자살계획률이 월

등히 높아 보인다. 청소년건강행태조사에 나타난 자살시도율을 봐도 2021년 2.2%, 2022년 2.6%로 평균보다 높은 경향을 보인다. 곧 실제로 자살하는 숫자는 적지만 자살을 고민하거나 시도하는 비율은 더 높다는 뜻이다.

## '죽을 시간'조차 없는 건 아닐까

지금 한국은 '과로 사회'다. 긴 노동시간으로 인한 과로만이 아니라 사회의 경쟁적 체제가 만든 압박도 과로 사회를 만드는 데 한몫하고 있다. 장시간 노동과 경쟁체제가 야기하는 문제는 청소년에게도 고스란히 전달된다. OECD 조사에 따르면 OECD 국가들의 일주일 평균 공부시간은 약 33시간이라고 한다. 반면 한국은 평균보다 16시간이나 많은 약 49시간으로 학습시간만 볼 때 1위다.

이런 환경은 삶의 질에 영향을 끼칠 수밖에 없다. 여러 기관의 연구와 조사에서 공통적으로 나타나는 사실은 한국 아동·청소년의 삶의 만족도가 지속적으로 낮아지고 있다는 것이다. 통계청 통계개발원에서 발간한 〈아동·청소년 삶의 질 2022〉를 보면, 한국 아동·청소년의 삶의 만족도는 2020년 기준 10점 만점에서 6.8점이었는데, 해가 거듭할수록 점점 낮아지는 추세라고 한다. 특히 만 15세 청소년들의 삶의 만족도 비교 결과를 보면 한국은 67% 정도로 비교 국가 중 매우 낮은 수준이었다.

수면시간은 짧고 공부시간은 길다 보니 사실 청소년들은 다른 무언가를 할 여유가 없다. 다수 청소년이 학교 아니면 학원이라는 획일적 생활을 강요받기 때문이다. 건강을 돌볼 시간조차 허락하지 않으면서 '공부는 체력과의 싸움'이라는 말과 함께 청소년들을 성적 경쟁에 내몰고 있는 것이다. 즐거운 삶을 위해 필요한 쉼과 사회적 활동, 타인과의 관계 맺기는 미래의 것으로 두거나 어른의 '허락'을 받아야 할 수 있다. 여러 조사에 따르면 청소년들이 여가시간에 하고 싶은 활동으로 여행이 1위로 나왔지만(2020년 청소년 통계에서 58.5%), 실제로 여가시간에 무얼 하느냐는 질문에는 다수가 '게임과 인터넷 검색'이라고 답했다. 이 결과는 많은 것을 시사한다.

어쩌면 청소년 자살률이 다른 연령대에 비해 낮은 것은 자살할 시간이 없어서인 것은 아닐까? 많은 아동·청소년의 자살생각률과 자살계획률이 비청소년에 비해 높은데도 실제 자살률이 비교적 낮은 것을 우리는 어떻게 해석해야 할까?

10대 자살률이 높지 않은 것은 죽음이 유예되고 있기 때문일지도 모른다. 20대부터 자살률이 급격히 높아지는 현상은 단지 '20대의 삶이 10대보다 힘들어서'만은 아닐 것이다.

청소년기부터 쌓인 정신건강상의 문제가 해소되지 않고 이어지면서 20대 자살률이 폭발적으로 늘어나는 것은 아닐까. 청소년기부터 누적된 고통이 20대 이후 여러 조건과 결합하면서 자살 위험성을 높이는 게 아닐까. 청소년의 자살률이 다른 연령대보다 낮아서 다행이라고 할 일이 아니다.

## 죽음이 아니라 삶에 주목하자

한국의 높은 자살률이 오래된 문제인 만큼 자살을 예방하기 위한 여러 정책이 시행되고 있다. 정신의학적 지원도 과거보다 늘었고 '고독사' '은둔고립생활' 같은 어려움에 대한 관심도 많아졌다. 그럼에도 자살을 개인의 탓으로 보는 시선은 여전하다. 특히 청소년 자살을 두고 '성적 비관' '유리멘탈' '고생을 안 해봐서' '청소년은 충동적이어서' 따위의 말들이 여전히 따라붙는다. 예민하고 나약한 개인이 자기 처지를 비관해 자살을 택했다는 해석은 문제가 많은 입시 경쟁체제의 구조적 요인은 감춰둔 채 자살을 택한 사람에 대한 힐난이나 동정만 남길 뿐이다.

심리적 어려움을 겪고 고통받는 사람을 구조하기 위한 정신의학적 지원도 물론 필요하지만, 이것만으로는 부족하다. 그런 접근은 당장의 자살률만 감소시키는 데 주력하기 마련이다. 청소년 자살은 '학교폭력' 같은 특정 사건이 이슈화되지 않으면 더더욱 관심을 받지 못한다.

10대의 자살생각률·자살계획률 같은 지표나 20대 이후 증가하는 자살률에서 알 수 있듯, 죽음의 문제는 언제나 삶의 문제와 연결되어 있다. 10대 청소년들이 겪는 고통은 분명 생애 전반에 영향을 끼칠 것이다. 따라서 줄어들지 않은 청소년 자살률을 통해 우리가 들여다봐야 할 것은 죽음 자체가 아니라 '청소년들이 어떤 삶을 살고 있는가'다. 자살을 예방하려면 단순한 접근이 아닌 사회구조의 변화를 통해 삶 전반을 바꾸려는 노력이 반드시 수반되어야 한다. 사람들이 왜 자기 삶이 불행하다고 느끼는지 진지하게 고찰하면서 경쟁체제가 만연한 한국 사회가 과연 행복하게 살 만한 사회로 나아가고 있는지 돌아봐야 한다.

죽음이 아니라 삶에 주목하는 것. 그것이 인권 문제로서 청소년들의 자살 문제에 접근하는 올바른 방법이다.

3장

학생인권과 교육권의 회복을 꿈꾸며

# 학생 인권 요구하려면
# 의무부터 다하라고?

어린이·청소년을 이등 시민으로 보는 사회

청소년 인권을 보장하라는 요구에 가장 많이 돌아온 대답은 "그 전에 의무와 책임을 다하라"라는 말일 것이다. 학생 인권을 보장하라는 운동에 대해서도, 청소년의 참정권을 주장하는 운동에 대해서도 많은 이가 청소년은 사회에 책임과 의무를 다하지 않기 때문에, 세금을 내지 않고 노동을 하지 않기 때문에, 비청소년과 동일한 형사적 책임을 지지 않기 때문에 권리를 보장할 수 없다고 말한다. 이 말은 마치 자본주의 사회에서 돈을 주고 물건을 사듯, 의무와 책임을 지불하고 권리를 사야 한다는 말처럼 들린다.

2023년 8월 임태희 경기도 교육감은 한 토론회 자리에서

"학생인권조례에 반영해야 할 책임과 의무, 균형 잡힌 지도 방향 등을 구체화하고, 보완적 개정을 통해 교육적으로 학생 문제를 해결할 수 있는 길을 열길 바란다"라고 언급했다. '균형'이니 '교육적'이니 하는 장식들을 다 떼어내고 보면, 학생 인권조례에 학생들이 지켜야 할 책임과 의무를 명시해야 한다는 주장이다. 임 교육감은 페이스북에도 "책임과 의무를 더한 학생인권조례 개정을 추진하겠습니다"라는 제목의 게시글을 올렸다. 지난 지방선거 때 비슷한 논리로 학생인권조례 개정·폐지를 공약으로 내세우고 출마한 후보가 여럿 있었다. 현재 경기도만이 아니라 서울, 충남, 전북 등에서도 학생인권 조례를 개정해야 한다거나 폐지해야 한다는 주장이 이어지고 있다.

## 소수자에게 더욱 엄격하게 요구되는 책임과 의무

보통 학생인권이 '과하게 보장된다'라고 주장하는 사람들이 말하는 청소년의 책임과 의무란 이런 것들이다. 부모나 교사 등 '어른' 말을 잘 듣는 것, 공부를 생활의 중심에 두고 최우선으로 삼는 것, 사회에서 '비행'으로 규정하는 행동을 하지 않는 것, 단정하고 학생다운 복장을 하는 것…. 정말 참신한 책임들을 끝도 없이 주문해대기 때문에 전부 열거하기도 힘들다.

비청소년들이 당연하게 보장받는 신체의 자유, 행복추구의 권리, 폭력으로부터 자유로울 권리, 사생활 보장이나 양심의 자유 같은 기본 인권은 나이, 인종, 성별, 직업과 상관없이 살아 숨쉬기만 하면 당장 보장되어야 하는 권리다. 그것이 가장 기본이 되는 사회의 약속이다. 그 위에 그 권리들이 실생활에 적용될 때의 한계들을 법이나 규칙으로 정하는 것이다. 법은 권리를 먼저 보장하고, 그다음 그것이 실생활에서 어떻게 보장될지 그 권리의 실질적 한계 등을 설정한다. 이 한계는 어디까지나 사회에서 함께 살아가며 보장받을 수 있는 현실적 범위에 관한 것이지, 이 권리를 보장받기 위해 지불해야 할 대가가 있다는 이야기가 전혀 아니다.

학생인권조례에 '학생의 책임과 의무'를 권리와 동등한 수준으로 넣겠다는 발상은 권리를 등가교환제로 생각하는 무지이기도 하지만, 법 체계에 대한 무지이기도 하다. 많은 법이 여러 관계에서 상대적으로 약한 위치에 있는 이들의 인권을 보장하기 위해 강한 위치에 있는 사람들이 지켜야 할 책임과 규칙을 명시하는 방식으로 구성되어왔다. 예를 들어, 노동자의 인권 보장을 위해 최저임금과 노동시간, 처우 등을 규정한 '근로기준법'에 피고용자·근로자의 '책임과 의무'를 상세히 명시하자고 주장한다면, 법리적으로 동의를 얻기 어려울 것이다.

그런데 유독 청소년들은 자신의 머리 모양이나 복장을 자유롭게 하기 위해, 휴대폰을 소지하기 위해, 불시에 타인에게 사생활을 침해당하지 않기 위해 특별히 져야 할 책무가 있는 것처럼 취급받는다. 학생생활규정을 다소 완화한 다음 "선생님들이 많이 봐주고 있으니까 알아서 잘해라"라며 생색을 내는 학교들이 적지 않은 것도 이런 이유에서일 것이다.

이와 같은 장면들은 마치 흑인 투표권이 막 생겨나기 시작하던 무렵의 미국 남부 주州들에서 벌어지던 '문맹 검사'를 연상케 한다. 당시 백인들은 아무런 제약 없이 투표를 할 수 있었던 데 반해, 흑인들은 일정 시험을 통과해야만 투표권이 주어졌는데, 이 제도는 소수자들이 같은 권리를 얻기 위해 추가적인 노력을 기울여야 했던 부당한 제도를 상징하는 대표 사례로 기억된다.

## 어린이·청소년을 이등 시민으로 보는 것

만약 비청소년에게 청소년들에게 요구되는 것과 같이 상사의 말을 무조건 잘 들을 것, 자신의 직업생활을 삶의 중심에 두고 최우선으로 삼을 것, 여럿이 몰려다니지 말 것(술·담

배 같은 것 외에 청소년들은 '몰려다니는' 것만으로도 법률적으로 비행으로 분류된다), 정해진 복장을 다른 사람들이 보기 좋게 입을 것 등을 기본권의 대가로 요구한다면 어떨까? 모두가 분노할 것이다.

일각에서는 '성인'은 스스로 생계를 책임지고, 소득에 따른 세금을 내며, 청소년보다 무거운 형사책임을 지므로 청소년과 같은 취급을 받을 수 없다고 말한다. 청소년은 부모의 돈으로 생활하고, 세금도 내지 않으며, 비청소년보다 가벼운 형사책임을 지기 때문에 똑같은 권리를 가질 수 없다고.

하지만 전후관계를 생각해보면, 비청소년들이 이런 의무를 다하는지 국가가 일일이 검토한 뒤 해당자에게 기본권을 주는 것은 아니다. 그 권리의 보장은 의무와 책임에 대한 법률과는 전혀 별개의 것이다. 그런데 사실 청소년 또한 생계를 위해 노동을 하기도 하고, 세금도 낸다. '소년법'을 제대로 읽어본 사람이라면 알겠지만, 청소년 역시 사법적 책임에서 무한히 자유롭지 않으며 어떤 경우에는 사법 처리 과정에서조차 비청소년은 당연히 보장받는 권리들을 보장받을 수 없는 일도 종종 있다. 사회에서 이렇게 '책임을 다하는' 청소년들을 따로 골라 비청소년과 동등한 권리를 주었다는 이야기는 들어본 적이 없다.

청소년은 비청소년과 동등한 권리 주체가 될 수 없다는 주장은 나이 어린 사람을 이등 시민, 아랫사람으로 보고, 권리를 박탈하는 것으로서 손쉽게 통제하기 위한 것이다. 책임과 의무에 관한 많은 논의는 이를 정당화하기 위해 나중에 붙인 이유에 불과하다.

### 진짜 책임과 의무를 져야 하는 이들은 누구일까?

물론, 어린이·청소년이 비청소년과 다른 방식과 강도로 책무를 분담하도록 되어 있는 경우가 전혀 없다고는 할 수 없다. 이는 어린이·청소년이 이 사회에서 함께한 시간이 상대적으로 적기 때문이다. 사회 평균보다 대개 몸집이 작거나 힘이 약해서 성인 남성을 기준으로 설계된 사회에서 살아가기 힘들다거나, 사회가 돌아가는 모양에 익숙해질 시간이 필요할 수도 있다. 사회는 그들이 이런 일들을 잘 겪을 수 있도록 그리고 직접 참여할 수 있도록 안내하고 돕는 과정에서 실질적으로 지기 힘든 책임과 의무를 돌봄의 형태로 나눠 지는 것일 테다. 사회가 그렇게 하기로 합의한 것은 딱히 나이 어린 사람들에게 시혜를 베푸는 것이 아니다. 그것이 이 사회를 유지하고 지속하는 데에 필요하다고 여기기 때문이다.

어린이·청소년에게 인간의 기본 권리를 덜 주어도 된다

거나 책임과 의무를 적게 지니 참여할 권리가 없다고 주장하는 것은 다시 말하지만 매우 위험한 발상이다. 이는 빈곤한 사람, 소수자, 이방인, 능력이 없는 사람 등은 사회에 기여도가 적으므로 인권을 보장하지 않아도 된다고 말하는 것과 같다. 사회가 '기준 미달'인 자들을 밀쳐내는 방식으로 굴러간다면, 언제 그 기준이 자신의 삶을 위협할지 모른다면 사람들이 과연 안심하고 그 사회에서 살 수 있을까?

책임과 의무는 소수자 개개인에게 자신을 검열하고 규제하는 방식으로 지워져서는 안 된다. 공공기관을 운영하는 사람, 선출직 공무원, 지방자치단체, 국가 등이 모든 사람의 인권을 더욱 잘 보장할 수 있도록 구조와 시스템을 만들고 운영해나가야 할 책임과 의무를 지는 것이다.

임태희 경기도 교육감을 비롯해 법 체계를 뒤틀어서까지 '책임과 의무'라는 구실로 학생들 개개인에 대한 통제를 강화하려는 이들에게 묻고 싶다. 학생인권 보장의 의무를 갖는 교육감, 교육청, 학교장 등은 그들의 의무와 책임을 다하고 있는지. 청소년들이 한 인간으로 존중받을 수 있도록 학교를 운영하고 있는지(머리카락 길이 규제를 하지 않는다거나, 소지품을 압수하지 않는다거나, 학생을 때리지 않는다는 것은 당연한 것이지 자랑할 일이 아니다). 헌법, 유엔아동권리협약, 초·중등교육법,

각 지역 학생인권조례 등에서 보장하고자 하는 인권들이 실제로 학교 현장에서 제대로 지켜지는지 잘 관리·감독하고 지원하고 있는지를.

# 똥머리·속옷·양말·외투 규제,
# 아직도 학교가 이래?

'민주적 절차로 만든 규칙'이 해답이 아닌 이유

내가 활동하는 단체에서는 2021년 당시 학교 현장의 두발·복장 규제 같은 인권 문제에 대응할 일이 많았다. 3~4월 언론에 보도된 수십 개 중·고등학교의 속옷 규제, 양말 규제, 외투 규제, 똥머리 금지 등의 사례들은 시민들에게 "아직도 학교가 이런가?" 하는 충격을 주었다. 게다가 이런 반인권적 사례가 학생인권조례 제정 10년 차를 맞이한 서울 지역에도 많았다는 점에서 학생인권조례로는 학생인권 문제가 해결되지 않는다는 것을 여실히 드러냈다. "획일적 두발 규제는 인권침해이므로 개정하라"라는 국가인권위원회 권고를 받았음에도 일 년 넘게 묵살한 일부 학교의 사례는 학교가 얼마나

변하지 않으려 하는지 그리고 왜 현행 제도 아래에서 인권위 권고만으로는 학생인권 문제를 효과적으로 풀어갈 수 없는지 보여주었다.

학교의 인권침해 사례를 지적하면서 두발·복장 규제 등이 담긴 학칙을 개정하라고 요구하면 교육부나 교육청으로부터 돌아오는 답은 한결같다. "학칙은 학교에서 자율적으로, 민주적 절차에 따라 정할 문제다." 학교들 역시 반인권적 학칙에 대한 개정을 요구하면 비슷하게 대답한다. "학칙은 학교에서 나름의 절차를 거쳐 정한 것이다. 개정할지 말지 학교 구성원들의 의견을 들어보겠다."

얼핏 보면 틀린 게 없는 말 같지만, 학생인권 문제에 관한 이런 접근 방식은 큰 문제를 가지고 있다. 사실 2000년에 두발자유캠페인과 온라인 서명운동이 일어나 두발 규제 문제가 최초로 공론화되자 교육부가 내놓았던 답변이 바로 "각 학교에서 자율적으로, 학생들의 의견을 반영해 학칙을 제·개정하라"였다. 결국 20년이 넘게 이어지고 있는 이런 방침과 태도가 두발 규제를 비롯한 학생인권 문제가 원만하게 해결되지 못하도록 가로막아온 또 하나의 장벽이었다고 해도 과언이 아니다.

## 왜 학생인권만 도마 위에 오를까?

학교 안에서 구성원들 의견을 수렴한다고는 하지만 그 과정은 비민주적이거나 요식행위에 지나지 않을 때가 많다. 별도의 공론화나 예고 없이 학생회 임원을 불러 의견을 묻고는 학생 의견을 반영했다고 주장하는 경우도 여럿 봤다. 공청회나 토론회를 열더라도 학생들에게 충분한 발언 기회를 주지 않거나, 교사들이 학생들을 무시하는 태도를 보이며 위축시키는 모습도 드물지 않다.

그나마 학생인권에 대한 관심과 의식이 높아진 요즘은 문제가 불거져 학칙을 개정할 때는 학생·교사·보호자(학부모) 설문조사를 거치는 것이 일반적이다. 그러나 이 역시 가만히 뜯어보면 이상한 구석이 많다. 예컨대 학생 70~80%가 두발 규제 폐지를 원한다 하더라도 교사와 보호자 가운데 반대 의견이 많으면 두발 규제가 유지되는 식이다. 그 규정을 적용받을 일이 결코 없을 교사·보호자들의 의견이 크게 작용해 학생 대다수가 동의하지 않았음에도 학생인권을 제한하는 학칙이 유지되는 것이다. 수직적이고 나이주의적인 한국 사회의 문화와 학교의 구조상 학생들로서는 교사·보호자들에게 제대로 의견을 전달하고 설득할 기회를 얻기 어렵다. 이런 절차를 과연 '민주적'이라고 말할 수 있을지 의문이다.

두발·복장 규제를 포함한 '학생생활규정'이 대개 학생들에게만 적용되는 규제라는 것도 빼놓을 수 없는 문제다. 왜 학생인권과 자유만 학칙으로 제한할지 말지 도마 위에 올라야 하는가? 여기서부터 이미 학교의 불공평한 권력관계가 개입되어 있다. 민주주의는 모든 구성원의 평등을 대원칙으로 삼는다는 점에서 이는 비민주적이다.

덧붙여 대부분의 학칙 개정 논의는 기존의 반인권적 학칙이 유효한 상황에서 그것을 어떻게 바꿀지 논의하는 구도를 갖는다. 그러다 보면 그 규칙 자체를 없애는 안이나 크게 변화시키는 안은 부담스럽게 느껴지기에 약간의 개선에만 그칠 때가 많다. 여러모로 불공평하고 기울어진 구도라고 하지 않을 수 없다.

## 다수가 동의해도 인권침해는 인권침해일 뿐

무엇보다 두발·복장과 같은 인권 문제를 학교 규칙으로 규제하도록 맡겨놓는 것은 명백하게 반인권적이다. 개인의 사적 자유로 보장되어야 할 영역을 집단적 결정에 따라 제한하는 것이기 때문이다. 인권 중에서도 개인의 머리 모양이나 옷차림 등 개성에 해당하는 부분, 사생활에 해당하는 영역은 더더욱 함부로 제한해서는 안 된다. 설령 두발 규제에 학생

90%가 찬성하고 10%가 반대해 두발 규제가 존치되었다 하더라도, 10%의 학생들로서는 동의 없이 자유를 제한당하는 것이 된다. 찬반 숫자가 얼마든 동의하지 않는 학생에게는 그저 부당한 인권침해일 뿐이다. 공청회, 설문조사, 투표를 거쳐서 정한 규칙이라고 해서 인권을 마음대로 제한해도 되는 것은 아니다.

물론 개인의 자유와 권리는 합리적 이유가 있다면 불가피하게 일부 제한될 수 있다. 학교에서도 함께 생활하기 위해 꼭 필요한 규칙은 만들 수 있다. 가령 음식에 머리카락이 들어가지 않도록 급식 조리사에게 머릿수건·조리모를 쓰도록 정하는 것은 합리적 이유가 있는 규칙일 것이다. 그러나 학교에서의 두발·복장 규제는 '학업 분위기 유지'라거나 '학생다운 단정한 모습' 같은 애매하고 주관적인 고정관념에 따라 강요되는 것에 지나지 않는다. 절차만 밟는다면 학칙으로 학생의 두발·복장이나 사생활을 규제할 수 있다는 생각은 애초 학생들의 개성과 사생활을 제대로 존중하지 않기 때문에 나올 수 있는 발상이다.

민주적 선거에 따라 구성된 정부나 국회가 모든 국민의 머리 스타일을 규제하는 법을 만든다고 상상해보라. 당장 강력한 반발을 살 것이다. 실제로 과거 독재 정권에서는 장발

단속, 미니스커트 단속 같은 일을 벌였고, 오늘날에는 그것이 반인권적 행정이자 민주주의를 억압하는 풍경이었다는 역사적 평가가 이뤄졌다. 이런 역사적 경험 속에 한국 사회는 합법적 절차에 따라 정해진 법령이라 할지라도 개인의 인권을 부당하게 침해하고 있다면 행정소송이나 헌법재판을 통해 부당함을 확인받고 무효화할 수 있는 장치를 두고 있다. 그러나 학생인권 문제에서는 '학교 자율'이라는 명목 아래 최소한의 인권 기준이나 구제 장치도 없이 그저 학내 의견 수렴을 거쳐 학칙을 개정하라는 말만 반복하고 있다.

학교의 학생인권 침해 사례를 지적했을 때 "학교에서 자율적으로 의견 수렴 등 민주적 절차를 거쳐 바꾸라"라고 말하는 것은 문제의 초점을 인권침해 여부가 아니라 절차의 문제와 다수 의견이 무엇인지 묻는 문제로 옮긴다는 면에서 부적절하다. 한국 정부는 20여 년째 학생인권 문제를 학교 자율에 맡긴다거나 학내에서 민주적 절차에 따라 규칙을 정해야 할 문제라고만 이야기하고 있다. 이는 정부가 학교의 자율성이나 학내 민주주의에 관심이 높다는 뜻이 아니라, 학생인권을 그만큼 가볍게 여기고 제한당해도 괜찮은 것으로 보고 있다는 의미다. 학생인권에 관한 최소한의 가이드라인을 정하고, 학교의 학칙이 학생인권을 부당하게 침해하는 경우 개선 조치가 가능하도록 하며, 학생인권이 침해당했을 때 구제받을 통로를 마련하는 '학생인권법'이 필요한 이유다.

# 학생에게도
# 연차가 필요하다

학생의 휴식권, 여가권을 중시하지 않는 사회

내 첫사랑은 고등학교 2학년 때였다. 처음 짝사랑을 해보며 감정의 풍랑에 휩쓸려 어찌할 줄 몰라 갈피를 잡지 못했다. 그가 이미 다른 상대와 연애 중임을 알면서도 고백했고 거절당했다. 뻔히 예상한 결말이었고 고백은 그저 마침표를 찍기 위한 의례에 가까웠다. 하지만 상상했던 것보다 슬펐고 각오했던 것보다 괴로웠다. 도무지 교실에 앉아 수업을 들을 마음이 들지 않았다. 그래서 다음 날 무단결석을 감행했다. 그래봤자 기숙사에 살고 있었고 학교 바깥 어딘가 멀리 떠날 기력도 없었기에 아침부터 도서관 뒤쪽 구석진 벤치에서 멍하니 시간을 보냈다. 해가 저무는 걸 보며 조금 울었는지는 정확히 기억 나지 않는다.

무단결석에는 대가가 따랐다. 당일에는 찾는 연락이 없었는데, 알고 보니 교사들이고 동급생들이고 교외 행사 같은 데 나간 줄 착각했다고 한다. 다음 날 결석 이유를 묻는 담임 교사에게는 실연이 힘들어서 그랬다고 답했고 딱히 잘못했다고 하지는 않았던 것 같다. 담임 교사는 앞에 나와 엎드리라고 지시했고, 매를 든 교사에게 폭행을 당하는 것으로 '실연 결석'은 마무리되었다. 매를 맞은 아픔은 곧 잊었지만 실연의 괴로움이 희미해지기까지는 좀더 오랜 시간이 걸렸다.

## 학생에게는 휴가가 있을까?

옛날 일이 문득 떠오른 것은 활동 중인 단체에서 상근자 휴가 규정을 논의하면서다. 논의 중에 직계 존속이니 비속이니 하는 제한은 두지 말고 소중한 사람이나 반려동물이 죽었을 때에도 휴가를 보장하자는 제안이 나왔다. 결혼할 때 휴가를 보장한다면 이혼이나 이별할 때도 보장해야 하지 않을지, 아직 법률혼이 불가능한 동성 커플의 경우는 어떻게 할지 같은 이야기도 오갔다. 어떤 것이 보다 인간적인 휴가 인정의 기준인지 고민하고 논의하는 일은 쉽지 않았지만 보람차기도 했다. 그러다 보니 한편으로는 '왜 학생은 선택해서 쓸 수 있는 휴가가 없을까?' 하는 의문이 싹텄다.

군이 특별한 사유를 인정받지 않더라도 원칙적으로 노동
자는 어느 정도 자유롭게 자기 사정에 따라 며칠의 휴가를 사
용할 수 있다. 근로기준법은 일 년간 15~25일의 연차 유급휴
가를 보장한다. 한국에서는 법에 보장된 휴가를 실제로 쓰지
못하는 상황에 놓인 노동자가 많다는 고질적 문제가 있긴 하
지만 말이다.

그럼, 초·중·고등학교 학생도 자기 사정에 따라 사용할
수 있는 휴가가 있을까? 방학이 있긴 하지만 이는 일률적 휴
업이지 개인이 선택해 쓸 수 있는 것은 아니다. 근래 도입된
'교외체험학습'이라는 제도가 있긴 하다. 하지만 보호자의 신
청이 있어야 하고, 여행이나 학습 활동 등의 사유만 인정해주
며 사후 보고서도 제출해야 하니, 자유로운 휴가라 보기는 어
렵다. 그러니 컨디션이 안 좋다거나, 꼭 하고픈 취미 활동이
있다거나, 참여하고 싶은 사회 활동이 있다는 이유로 학교를
빠진 학생은 '무단결석'이 될 수밖에 없다. 학생의 개인 사정
에 따른 휴가, 결석을 인정해주는 제도는 아예 없는 셈이다.

이렇게 생각할 수도 있을 것이다. '노동자와 달리, 학생
은 힘들게 일하는 것도 아니고 임금을 받는 것도 아니며 결석
을 해도 큰 문제가 없으니, 휴가를 제도적으로 보장할 필요가

없는 것 아닌가?' 학교에 나와 배우는 일이 학생의 교육권 실현을 위한 자발적 과정이고 출석이 강제되는 것이 아니라면 맞는 소리다. 그러나 학교 출석과 공부는 의무처럼 부과되어 있고, 무단결석은 일탈 내지 비행으로 취급받는다. 대부분의 초·중·고등학교에서는 일정 기간 이상의 무단결석을 중징계 대상으로 삼으며, 이는 평가상의 큰 감점 요인으로 작용한다. 그리고 무단결석을 한 학생을 벌하는 것이 당연하게 받아들여진다. 더군다나 교육이 입시 경쟁을 위한 과정인 현실 속에서 출결이나 학교생활 전반이 평가의 대상이 되는 이상, 출석은 다분히 강제적인 것이 된다.

교육이 학생을 위한 것이라면 배움에 덜 참여한 것 자체가 이미 학생 본인에게 불이익일 것이다. 그런데 학교는 거기에 더해 결석을 규칙으로 금지하고 학생에게 추가로 불이익을 준다. 마치 몸과 마음의 상태가 어떻든 상관없이 정해진 시간에 자리를 지키도록 훈련시키고 통제하는 것 자체가 목적인 것처럼 말이다. 이런 현실에서 자유롭게 쓸 수 있는 공인된 휴가제도가 없는 것은 꽤나 비인간적이라는 생각이 들수밖에 없다.

## 개인 사정과 쉼을 존중하는 사회를 위해

한국 사회는 전반적으로 노동시간이나 학습시간이 길고 휴식권, 여가권 보장이 미흡하다. 그래도 노동자에 대해서는 노동시간을 줄여야 한다거나 연차휴가를 보장해야 한다는 등의 논의라도 진행되고 있지만, 어린이·청소년에 대해서는 학습시간을 줄여야 한다거나 학생에게 휴가권을 보장해야 한다는 논의가 거의 없는 상태다. 이는 청소년들은 사회적 의무로부터 면제되어 있다고 보는 고정관념, 청소년의 삶을 예비적인 것으로 평가하는 태도의 영향일 것이다. '애들이 힘든 게 뭐가 있냐' '지금 열심히 공부하는 건 다 어른이 돼서 잘살기 위한 것이다' 같은 인식 탓에 청소년들에게는 자유시간이나 휴식 보장이 중요한 권리로 고려되지 못하고 있다. 문재인 대통령은 대선 공약으로 '아동인권법 제정으로 적정한 학습시간과 휴식시간 보장'을 내걸었지만 그 이후 유의미한 진전은 없었다.

교육이 학생의 권리를 보장하고 지원하는 과정이라기보다는 학생을 통제하는 과정으로 오랜 세월 인식되어온 것도 한몫 거든다. 학교가 학생의 결석을 학생과 소통하고 협력해 해결해야 할 상황이 아니라 학생을 처벌하고 평가해야 할 상황으로 대하는 것이다. 사실 실연이 괴로워 빠졌다는 학생에게 벌을 주는 학교보다는 학생과 그 일에 대해 대화하고 걱정해주며 빠진 수업에 보충이 필요한지 묻는 학교가 훨씬 교육적이지 않을까. 학생의 결석을 학생이 교육에 참여할 기회를 놓치거나 포기한 일로 보고 도울 부분을 찾으려는 태도가 교육의 본질에 더 부합할 것이다. 입시니 관리니 하는 문제로 당장 그러기 어렵다면 학생이 개인적으로 자유롭게 쓸 수 있는 휴가제도를 마련하는 것부터 시작하는 것은 어떨까.

한국 사회가 휴식권과 여가권 보장에 인색한 데에는 개근이 상 받을 일로 여겨지고, 개인 사정에 따른 자유로운 휴가는 상상조차 하지 못하는 학교 문화가 미치는 영향도 중요한 역할을 한다고 생각한다. 학생들에게 자유롭게 쓸 수 있는 휴가 일수를 보장하는 것은 학생들의 행복지수를 높이는 일이 될 것이다. 다양한 조건에 있는 학생들에게 보다 평등하고 포용적인 교육 환경을 만드는 데에도 기여할 수 있을 것이다. 학생에게 인간다운 삶을 보장하고 좀더 교육적인 학교를 만들 수 있는 것은 물론, 개인 사정에 따라 쉴 수 있는 휴가의 권리가 보장되는 사회로 나아가는 데 큰 보탬이 될 학생 휴가제도를 이제라도 논의해보자.

# 입시 개혁은 반反 경쟁,
# 무無 서열화가 원칙

학생의 교육권 보장을 중심에 둔 교육을 위해

2000년대부터 대학 입시 방식은 끊임없이 논쟁거리였다. 내신 비중을 높였다가, 논술·면접 등 대학별 평가 비중을 중요시했다가, 학교생활기록부 종합전형 또는 학교생활기록부 교과전형을 도입하는 등 대입 방식은 따라가기 버거울 정도로 이리저리 바뀌어왔고 전형의 가짓수도 늘어갔다.

문재인 대통령은 대선 후보 시절, 수능의 절대평가화 및 자격고사화, 국공립대 공동 학위제 등을 통한 대학 평준화 추진을 공약한 바 있다. 그러나 임기가 끝날 때까지도 이를 위한 정책을 수립하거나 사람들을 설득하려는 노력이 전혀 없었다. 오히려 공론조사 등의 절차를 통해 복잡해진 대입 전형에 대한 대중적 피로감만 쌓았고 시험·능력주의적 '공정' 담론에 기반한 수능 비중을 늘리자는 주장을 그대로 따랐다. 그리고 상류층 특목고 학생의 스펙 부풀리기 문제가 불거진 '조국 사태'를 거치면서 수능시험 비중을 확대하는 것으로 문재인 정부의 입시 정책은 귀결되었다.

대입 방식이 여러 차례 바뀌었지만 수능을 비롯해 대학 입시 시즌의 모습은 언제나 비슷한 것 같다. 어떤 방법을 도입해도, 개인이 어떤 전형을 통해 대학에 지원해도 그 모든 과정은 '경쟁을 통한 선발'이라는 전제를 깔고 있기 때문이다. 학생 입장에서는 경쟁의 룰만 바뀔 뿐 '이겨야 살아남는다'는 사실은 변함없다. 학생들을 평가 결과에 따라 어떻게 줄 세울지 그 방법이 달라진 것이지 그 결과에 따라 차별한다는 원리까지 달라지지는 않았다. 그리고 이 경쟁은 입시철만이 아니라 학생들이 공교육에서 지내는 기간 내내 이뤄진다.

## 학생이 아닌 학교의 평가·선발권을 우선하는 입시

공교육 시스템은 사회에서 보장하는 교육을 권리로서 행사할 수 있도록 하기 위해 존재한다. 어린이·청소년에게 사회가 책임지고 일정 정도의 교육의 기회와 질을 보장한다는 의미다. 학교는 이를 위해 사회가 노력과 자원을 들여 만들어낸 것이다. 이때의 교육이 목표로 하는 바는 학생이 여러 경험, 정보, 지식, 견해를 습득하고 확립하는 것, 이를 타인과 함께 소통·교류하며 이뤄내는 과정을 경험하는 것 등 인간의 삶을 보다 풍요롭게 만들기 위한 것일 터다. 대학 교육 역시 공교육 시스템의 일부로서 이런 원리를 따라야 한다.

하지만 실제로 학교교육은 학생의 교육권을 보편적으로 보장하는 역할보다는 경쟁의 과정이자 그 결과로 학생들을 서열화하는 역할을 하고 있다. 입시를 대비하는 고등학교 교육은 시험을 치르기 위해 일정 범위 내의 지식을 제공하고 지필 평가 혹은 수행 평가, 그 밖의 잡다한 '증명 가능한 활동들'로 학생들을 순서대로 줄 세운 다음, 그 정보를 대학에 제공하는 역할을 한다. 따라서 성적 경쟁과 직접 연관이 없는 여러 교육과정이나 학생들의 삶과 경험은 후순위로 밀릴 수밖에 없다. "좋은 성적을 위해서"라는 말은 학생들의 인권과 다양성을 침해하는 규제와 통제의 단골 변명거리다. 많은 학교가 공식·비공식적으로 성적이 좋은 학생에게는 특혜를 주고, 성적이 나쁜 학생은 배제하고 차별하고 있다. 학생들이 마땅히 누려야 할 교육의 권리보다 대학이 학생들을 입맛대로 선발할 권리가 우선되고 있는 탓이다.

대학 입시는 형식상으로는 학생들이 대학교를 선택해 지

원하는 모양새지만, 실제로 학생들의 선택권이 보장되는 것이라고 볼 수 없다. 그 선택지란 학생의 흥미나 적성이 아니라 내신과 수능 성적 혹은 여타 생활기록부에 기재된 스펙으로 결정되기 때문이다. 학생들은 대학 서열을 가늠해 자신이 선발당할 수 있을 만한 학교에 지원할 수밖에 없다. 여기에서 실현되는 것은 학생의 선택권이 아니라 대학의 학생 선발권 그리고 그에 따른 서열 체제라고 봐야 한다.

이런 상황에서 학생들은 자연스럽게 자기 권리를 유예하고 경쟁에 몰두하게 된다. 더 좋은(정확히는 사회의 고정관념에 따라 좋다고 인정받는) 학벌이 이후의 삶에 큰 영향을 미치는 한국의 현실 때문이기도 하고, 자신이 배우고 싶은 것이 있다 할지라도 이를 배우기 위해서는 우선 경쟁에서 이겨야 선택권을 가질 수 있기 때문이기도 하다. 이런 억압적이고 경쟁적인 교육 속에서 "내 무릎에 앉으면 수행평가 만점을 주겠다"라며 평가 권력을 휘두르는 교사의 성희롱이 가능해진다. 자기 삶 대부분을 걸었던 경쟁에서 실패해 스스로 목숨을 끊는 이들도 생겨난다.

### 반反 경쟁, 무無 서열화가 원칙이 되어야

경쟁이라는 요소 때문에 학생들이 교육권을 온전히 누릴

수 없다면, 당연히 경쟁하지 않는 방식으로 교육을 바꿔야 한다. 어떤 경쟁이 더 공정하고, 덜 고통스러울지에 대해 아무리 열심히 논의한들 결국 누가 더 우월한지를 가리고 그 결과로 차별하기 위한 교육이라면, 심지어 그 교육이 학생의 권리를 침해하고 삶을 고통스럽게 만든다면 누군가의 배울 권리를 온전히 보장한다고 할 수 없다.

사실 아주 예전부터 꾸준히 경쟁 위주의 교육이 갖는 문제를 짚어내고 개선을 요구하는 목소리는 존재했다. 유엔아동권리위원회에서도 한국 교육이 경쟁적이고, 학업 스트레스가 높으며, 이 때문에 청소년들이 고통받는다는 것을 우려했다. 유엔아동권리위원회의 아말 알도세리Amal Salman Aldoseri 위원은 2019년 유엔아동권리협약 이행에 관한 한국 대상 심의에서 "대한민국 공교육의 목표가 오직 명문대 입학과 경쟁뿐인 것으로 보이며 이는 아동권리협약 정신에 정면으로 배치된다"라고 지적했다.

많은 사람이 한국 교육에 문제가 있다고 말한다. 하지만 그 문제의 근본 원인이 대학 입시에 의한 경쟁이라는 것은 애써 외면하려 한다. 경쟁 없는 교육은 허황된 소리가 결코 아니다. 우리는 초등학교나 중학교 입학 과정에서 경쟁 없이 모든 학생의 교육권을 보장하는 제도를 이미 갖고 있다. 대학의 경우만 불가능할 이유는 없다.

여러 다른 나라에서도 대학 입시와 학교 교육과정 전반에서 경쟁적 요소를 제거하려는 시도를 해왔고, 문제없이 유지되는 중이다. 이 때문에 사회가 혼란에 빠졌다는 소식은 들려오지 않는다. 한국 사회는 경쟁을 전제로 한 교육과 입시제도 안에서 충분히 많은 시도를 해왔다. 이제는 경쟁이라는 전제를 완전히 벗어난 교육을 만들어야 한다는 깨달음을 얻을 때도 되지 않았는가.

공교육 시스템의 목표는 학생들의 교육권을 보장하는 것이다. 학생들의 교육권이 제대로 보장되려면 교육에서 경쟁 요소를 완전히 없애야 한다. 평가는 우열을 가리기 위해서가 아니라 교육이 제대로 된 방향으로 가고 있는지 성찰하고, 학생들이 어떤 방향으로 나아가는 게 좋은지 참고하는 자료로서 기능해야 한다. 획일적 기준으로 승자와 패자를 구분하고 순서대로 더 안정적인 미래라는 보상을 분배하는 것이 아니라, 자신이 나아가고 싶은 길을 찾도록 돕고 지원하는 것이 교육의 역할이 되어야 한다.

청소년인권단체들은 오늘의 경쟁적 교육에 문제를 제기하고 변화를 이끌어내기 위해 '입시경쟁 반대 청소년 선언'을 발표한 바 있다(bit.ly/입시경쟁반대2021). 이제는 학생, 청

소년, 더 나아가 시민들이 경쟁 없는 교육이 무엇인지에 대해
제대로 논의하고 진지하게 성찰해야 할 때다.

# 취업이 학교의 일이
# 되어서는 안 된다

현장실습의 대안은
학력 차별을 금지하는 것


직업계 고등학교 현장실습제도는 십수 년간 계속해서 문제가 되어왔다. 최근에는 2017년, 콜센터에서 현장실습을 하던 중 숨진 고故 홍수연 씨의 사건을 모티브로 한 영화 〈다음 소희〉가 화제가 되며 재차 공론화되었다. 사회적 관심은 반가운 일이지만 2017년에 사건이 일어났을 때는 왜 문제가 해결되지 못한 걸까? 같은 해 생수공장에서 현장실습을 하던 이민호 씨가 작업 중 사고로 세상을 떠났을 때, 2021년 요트업체에서 현장실습을 하던 홍정운 씨가 돌아가셨을 때에라도 사회와 정부가 진지하게 이 문제를 논의해 해결했어야 하지 않았을까 하는 아쉬움이 들 수밖에 없다.

## 학생의 죽음에만 반응하는 세상?

직업계 고등학교 현장실습제도의 문제는 주로 2000년대 이후 현장실습생이 일하다가 죽고 다치는 사건들이 조명되고, 청소년인권운동이 대두하며 전교조나 인권단체에서 조사 보고서를 발표하면서 이슈화되었다. 지금까지 현장실습제도의 변천사를 살펴보면, 안전과 노동조건에 관한 규제 강화와 완화 사이를 오락가락해왔다는 것을 알 수 있다. 사망 사건이 발생하고 문제가 제기되면 규제를 강화했다가, 이 때문에 현장실습 사업체와 인원이 줄어들면 다시 규제를 완화해 또다른 사건이 발생하는 일의 반복이었다.

규제가 완화되는 방향의 제도 변화에는 매번 '취업률'이 주요 근거로 활용되었다. 실증적인 분석에서는 현장실습 규제를 완화하는 제도 변화 후에는 실습 사업체의 질이 뚜렷하게 낮아졌음이 확인된다. 취업률과 사업체의 질(결국 노동의 질)은 반비례 관계에 놓여 있다.

–강문식, "취업률과 노동의 질 사이 상보성을 넘어", 〈오늘의 교육〉 61호, 2021년 3·4월.

말하자면 현장실습의 규모를 늘리고 취업률을 높일 것이

냐, 현장실습에서 안전과 양질의 노동조건을 보장할 것이냐 사이에서 진자운동을 해온 것이다.

이런 일관성 없는 정책의 원인 중 하나는 한국 사회가 오직 현장실습생의 '죽음'에만 반응하고 문제를 시혜적으로 바라보는 데 있다. 누군가가 사망하면 이목이 집중되고 "어린 학생이 죽게 놔두어서는 안 된다"라는 목소리가 힘을 얻는다. 그러면 적어도 사망 사고는 나지 않도록 안전을 위한 규제와 감독이 강화된다. 하지만 한국 사회는 '대학도 못 간' 중졸·고졸 청소년 노동자들의 노동조건과 삶의 문제에는 놀랍도록 무관심하다. 직업계 고등학교 학생들이 마주하는 차별과 불평등, 졸업 후의 노동 현실은 그리 개선되지 않고 있다. 일하다 죽는 일만 일어나지 않으면 취업 기회 확대를 바라는 학생들의 요구와 값싼 인력을 원하는 기업의 요구가 만나 다시 규제가 완화된다. 그리고 또 누군가 죽는다. 사망 사건이 일어나면 그 사건에만 주목할 게 아니라 더 책임 있는 자세로 문제를 풀어나가야 하는 이유다.

## '안전한 현장실습을 통한 취업 기회 확대'는 불가능하다

직업계 고등학교 현장실습제도는 출발점에서부터 문제

가 있었다. 현장실습제도는 비록 '실습'이라는 팻말을 달고 있지만 실제로는 교육의 과정이라기보다는 산업 현장에 노동력을 공급하는 수단으로 사용되어왔다. 여러 조사 결과에 따르면 학생들 역시 현장실습을 배움을 위해서가 아니라 조기 취업 내지는 취업의 전단계로 인식했다.

수년 전 현장실습제도 폐지가 추진되자 일부 특성화 고등학교 재학생들이 반발했던 이유 역시 주로 취업 기회의 축소를 우려한 것이었다. 그러면서 '안전하고 좋은 현장실습'을 만들어야 한다는, 어찌 보면 당연한 주장도 나왔다. 하지만 앞서 소개했듯, 취업률과 노동의 질은 서로 반비례 관계에 있는 경향을 보인다. 만일 노동조건이 좋은 곳에서만 현장실습을 하게 한다면 현장실습·취업 기회는 감소할 수밖에 없다. 대다수 기업의 입장에서는 값싸고 쉽게 자를 수 있는 인력이 아니라면 굳이 취업과 연계해 현장실습생을 받을 이유가 없기 때문이다. 따라서 '안전하고 좋은 노동조건을 가진 현장실습 그리고 이를 통한 취업 기회의 확대'는 달성 불가능한 일이다. 현장실습에 참여한 학생 일부에게는 좋은 노동조건과 노동 경험을 보장할 수 있겠지만, 이를 수만 명에게 확대할 수는 없는 것이다. 현장실습제도의 부분적 개선이 아닌 폐지가 필요하다고 말하는 이유다.

또 현장실습생의 여건 자체가 노동조건을 악화시키는 요인이기도 하다. 한국에서 산재 사고는 여러 일터에서 여러 지위의 노동자들에게 발생한다. 하지만 비정규직, 파견·하청 노동자들이 상대적으로 산재에 더 많이 노출되는 게 사실이다. 일터에 강한 권력관계가 존재하고, 그 속에서 더 취약한 위치에 놓인 노동자일수록 규정을 무시하고 위험한 일을 하게 될 가능성이 높기 때문이다. 비정규직 같은 노동 형태는 산재의 유일한 원인은 아니지만 상당한 영향을 미치고 있다.

현장실습생은 여러모로 이런 불안정한 노동 유형들과 닮아 있다(비정규직 고용이 제한되면 일자리가 줄어들 거라는 주장마저 유사하다). 학생인지, 노동자인지도 애매모호하게 되어 있고, 배우는 입장, 나이와 학력·경력 등에서 열위란 이유로 아랫사람 대우를 받기도 쉽다. 무엇보다 실습이 학교 및 채용과 연계되어 있기에 실습생 입장에서는 학교에 폐를 끼치지 않기 위해, 취업을 하기 위해 기업의 부당한 지시나 요구를 감내할 가능성이 크다. 이런 갑을관계가 형성되면, 아무리 법규를 만들어도 그것이 일터에서 실제로 적용되기는 어려워진다. 곧 현장실습제도가 사망 사고나 산재의 직접적 원인은 아닐지라도 취업과 연결된 현장실습제도가 노동조건과 안전에 부정적 배경으로 작동하기에 개혁이 필요한 것이다.

## 학력 차별 금지와 생활 보장이 대안이다

직업계 고등학교 학생들은 통계적으로 가정의 경제적 형편이 열악한 비율이 높아 빨리 취업해서 돈을 벌어야 하는 경우가 많다. 하루빨리 이 사회의 당당한 구성원이자 경제 주체가 되어 노동을 통해 소득을 얻고 싶은 이도 있을 것이다. 그러나 구직자들이 취업에 급급할수록 기업과의 관계에서는 '을'이 되기 십상이고, 노동조건은 악화되기 마련이다.

현장실습제도의 목표가 취업이어서는 안 된다. 학생을 취업시키는 것이 학교의 일이 될 수도 없다. 마치 학생들을 더 상위 대학에 합격시키는 것이 학교의 일이 되어서는 안 되듯이 말이다. 직업계 고등학교를 평가하는 요소로 취업률이 활용되자 학교는 취업률을 올리기 위해 질 낮은 일자리에도 실습생을 보내며 참고 버티라고 압박하는 일이 비일비재하다. 입시 결과를 내기 위해 학생들에게 힘든 수험 생활을 견뎌야 한다고 강요하는 인문계 고등학교의 현실이 문제인 것과 마찬가지로 취업을 위해 압박을 가하는 것 역시 비교육적이고 반인권적이다. 특성화 고등학교들은 이제라도 "우리 학교에만 들어오면 좋은 곳에 취업할 수 있다" "취업률이 높다"라고 홍보하는 일을 멈추고 교육의 목표를 되돌아봐야 마땅하다.

사실 직업교육의 일환으로 실습을 계획한다면 학교의 감

독 아래 교육 활동으로 진행되어야 옳을 것이다. 학생들이 현장실습 과정에서 취업을 원한다면, 실습이 아니라 취업을 지원하는 제도가 마련되는 것이 정상이다. 그러나 그간 정부는 질 좋은 일자리를 만들고 직업계 고등학교를 나온 청소년들의 생활과 취업을 지원하기보다 현장실습제도를 유지하기 위해 노동조건이 열악한 기업에게도 현장실습제도에 참여할 것을 권해왔다. 행여 이를 통해 기업들의 편의를 봐주려는 속내는 없었는지 의심스럽다.

우리는 직업계 고등학교 청소년들이 어째서 현장실습에 목맬 수밖에 없는지 근본 원인을 직시해야 한다. 이는 대한민국 사회 전반에서 직업계 고등학교를 천시하고 학력·학벌에 따른 차별을 당연시하는 현실 탓이다. 대기업 – 정규직 일자리를 얻지 못하면 안정적 삶이 보장되지 않는, 차별과 불평등이 극심한 노동 구조 때문이다. 졸업 직후에 취업하지 못하면 구직의 기회가 대폭 줄어드는, 실패와 시행착오를 인정하지 않는 문화와 사고방식 때문이다.

정부가 해야 할 일은 이런 문제들을 해결하기 위한 정책을 내놓고 실현하는 것이다. 예를 들어, 학력 차별을 금지해 기본적으로 모든 일자리를 '학력 무관'의 일자리로 만들어가야 한다. 곧바로 취업이 되지 않더라도 삶이 불안정해지지 않도록 안전망을 제공해야 한다. 노동자들이 자기 권익을 주장하고 단결할 수 있도록 보장해야 한다. 그럼으로써 청소년·청년들이 취업 기회를 바라보며 위험하고 부당한 일을 감수하지 않아도 되도록 환경과 조건을 변화시켜야 한다. 이런 일이야말로 현장실습제도 폐지에 따른 적절한 대안일 것이다.

# 참사와 위기 앞에
# '멈출 수 있는 교육'이 필요하다

참사 외면하는 교육,

일상의 문제 외면하게 만든다

　　2017년 11월 15일, 경북 포항에서 규모 5.4, 진도 6의 지진이 일어났다. 건물이 무너지고 많은 사람이 다쳤다. 더 큰 문제는 바로 다음 날이 대학수학능력시험일이었다는 점이다. 지진이 난 직후 정부는 수능시험을 예정대로 진행한다고 발표했으나, 다시 당일 저녁 8시 무렵 수능시험일을 일주일 뒤로 연기한다고 정정했다. 정부가 안전 문제와 재난 지역 학생들을 고려해 시험을 연기하기로 결정한 것은 잘한 일이라 하겠다. 하지만 바꿔 말하면 그렇게 큰 지진이 일어났는데도 처음에는 수능시험을 강행하려 했다는 데서 한국 사회에서 수능을 비롯한 대학 입시가 갖는 위상을 느낄 수 있었다.

그로부터 2년여 뒤, 코로나19 팬데믹이 시작되었다. 코로나19로 2020년 초반에는 학교 등교가 제대로 이뤄지지 못했고, 등교가 개시된 이후에도 여러 학교에서 집단 감염이 반복되었다. 그런 와중에 수능시험은 예년처럼 치러졌다. 코로나19 감염자가 늘고 유행이 일상화되었던 2022년에는 약 2400명이 코로나19에 걸린 채로 수능시험을 치렀다. 초유의 감염병 사태도 대학 입시를 가로막지는 못한 것이다. 입시 절차가 차질 없이 진행되는 것은 한국 사회의 지상 과제였다.

처음에 이런 소식을 접하고 코로나19에 걸려서 아픈 상태로 시험을 본 수험생들은 과연 이 시험이 자신들에게 '공정'하다고 생각했을지, 시험 결과를 수용할 수 있을지 의문이 들었다. 병에 걸린 상태로 시험을 본 이들 외에도 학교에서 집단 감염이 발생해 등교와 재택 수업을 반복했다거나, 가까운 시기에 코로나19에 걸렸다가 컨디션이 흐트러진 학생들은 어떨까. 포항 지진 당시에도 바로 일주일 전 큰 지진을 겪은 학생들이 시험을 제대로 치를 수 있을지 우려하는 목소리가 나왔다. 그러나 대학 서열이 차별로까지 이어지는 한국에서는 병에 걸리거나 사고를 당하는 것 등 수험생들 각각의 사정은 끼어들 틈이 없다. 대학 입시제도는 개개인의 노력, 능력, 적성 등을 평가해 공정하게 기회를 주는 절차라고 포장되어 있지만, 사실은 개인의 상황 따위는 전혀 고려하지 않는 과정이다. 그렇기에 수능시험에서 가장 중요한 것은 정해진 일정대로 시험을 치르고, 그 결과에 따라 수십만 수험생을 줄 세우는 데 있다.

## 참사 앞에서 애도할 수 없는 현실

2022년에도 수능시험이 며칠 남지 않은 때에 또다시 큰 사건이 발생했다. 10월 29일, 서울 이태원에서 할로윈을 즐기러 모인 사람들이 좁은 골목에 너무 많이 몰리면서 약 160명이 목숨을 잃었다. 그중에는 중·고등학생도 6명 포함된 것으로 알려졌다. 정부는 국가애도기간을 선포했고 여러 학교에서는 묵념 시간을 가지며 현장체험학습 등을 취소했다. 희생자가 다니던 학교에서는 임시휴업을 하거나 애도의 자리를 마련하기도 했다. 그러나 정부의 애도기간 선포가 겉치레였듯 학교, 특히 고등학교들의 애도도 대부분 형식적인 것에 그쳤다. 오히려 이태원 참사가 '놀러 다니지 말고 공부에 집중하라'라는 구실로 쓰였다는 경험담도 들려왔다.

세월호 참사 때는 더 심했다. 충격을 받은 많은 사람이 수년간 애도와 추모, 진상 규명을 요구하는 활동을 이어갔다. 고등학생들이 많이 죽은 사건이었기에 청소년들의 참여도 많았다. 이때 세월호 참사와 관련한 활동에 참여한 청소년들 상당수는 학교에서 '그런 것에 신경 쓰지 말고 공부나 하라'는 식의 말을 들어본 경험이 있을 것이다. 입시 공부에 전념하기 위해 참사는 되도록 빨리 잊어야 하는 일이 되었다.

바쁘게 흘러가는 입시 일정 앞에서는 갑자기 벌어진 사건에 대해 이야기할 겨를이 거의 없다. 경쟁적인 교육 환경 속에서는 남보다 앞서가기 위해, 아니 뒤처지지 않기 위해 한눈팔지 말고 공부에 전념해야 한다. 사회문제나 정치문제도, 가능하면 개인적인 사정도 입시 공부에 집중하는 데 방해가 된다면 구석으로 밀어놓아야 한다. 사회적 참사나 충격적인 사건도 예외가 아니다. 누군가가 명시적으로 그렇게 말하지 않더라도 여유가 없는 경쟁적 교육 환경에서는 그렇게 될 수밖에 없다.

이처럼 정치와 사회에 무관심하도록 만드는 교육은 민주주의 사회의 교육으로서 낙제점을 받아 마땅하다. 모두가 한 사회의 구성원으로서 같은 사건을 겪은 뒤 그 의미를 나누고 슬픔을 위로하는 것은 우리가 함께 살아가고 있다는 감각을 갖기 위해서라도 꼭 필요한 과정이다. 이런 사회적 관심과 애도, 참여를 거추장스럽게 여기며 무관심해지라고, 외면하라고 요구하는 교육은 그 자체로 비교육적이다.

## 멈춰야 할 때 멈출 수 있는 교육이 필요하다

참사를 외면하는 교육은 당연히 일상의 문제 역시 외면하도록 만든다. 일터에서 죽는 산업재해 사망자 수가 매년 수백 명에 달해도 먹고살기 바쁜 한국 사회에서는 무관심하게 지나치는 일이 되어버렸다.

청소년 사망 원인 1위가 자살이고 최근 몇 년간 청소년·청년의 자살률이 증가하는 추세다. 질병관리청의 청소년건강행태조사에 따르면 청소년 4명 중 1명이 우울증을 겪고 있다고 한다. 이런 현상은 학업 스트레스와 장시간 학습, 수면시간과 여가시간 부족에서 오는 영향이 무척 크다. 이와 같은 문제점들을 모두가 알고 있는데도 매년 수능시험은 일정에 맞게 치러지고 경쟁, 차별, 서열화 위주의 교육은 멈추지 않는다. 세월호 참사가 일어난 뒤 학교에서 가장 먼저 취한 조치는 수학여행을 취소하거나 축소하는 것이었다. 충격적인 사건이 일어나자 학생들의 여가거리부터 취소한 것이다. 그러나 입시와 관련된 일들은 스트레스의 직접적 원인인데도 결코 취소되지 않는다.

공장 컨베이어벨트 속도에 맞춰 일해야 하는 노동자들에게 다른 데 관심을 갖거나 쉴 여지가 주어지지 않듯, 쉼 없이 돌아가는 입시 일정 앞에서는 모두가 지금의 방식과 체제의 문제점을 돌아보고 이야기할 여유가 없다. 개인에게 불행이 닥치거나 사회적 참사가 일어나도 외면하고 잊어야 할 남의 일이 될 뿐이다.

반복되는 참사와 위기 앞에서 우리에게는 '멈출 수 있는 교육'이 간절하다. 이를 위해서는 먼저 수능이 상징하는 지금의 교육과 입시제도를 바꾸기 위한 반성과 논의의 시간을 가져야 한다. 어쩌면 기후 위기가 심화되고 현 체제의 지속 가능성과 정당성에 의문이 커지는 지금, 우리에게 필요한 것은 기존에 해오던 것들을 잠시 멈추는 '파업'과 '거부'일지도 모른다.

또 개인에게 힘든 일이 생겼을 때, 사회적으로 어려운 일이 발생했을 때 이를 외면하지 않는 교육, 서로의 상태를 확인하고 돌볼 수 있는 교육이 자리 잡아야 한다. 지진에도, 감염병 대유행에도, 파업에도, 사회적 참사에도 멈추지 않는 교육은 결코 자랑스러운 모습으로 기억되지 않을 것이다.

# 학력이 우선이라는
# 말의 함정

모든 학생이 학업에서 성공해야 할까?

학생들의 학력이 떨어지는 것을 막고, 일정 수준을 설정해 '기초학력'으로 삼고, 이를 달성하지 못하는 학생에게 학습 지원을 하는 것이 골자인 '기초학력보장법'이 2021년 9월 제정되었다. 또 2022년 10월에는 전국 특정 학년 학생들의 학업성취도를 전수평가하는 '기초학력진단평가', 일명 일제고사가 부활했다. 학생들의 학력이 저하되는 것을 개선하겠다는 것이 대표 이유였다. 물론 교육부에서는 학교에 선택권이 있으므로 '일제고사'는 아니라고 해명했지만, 학교 현장에서 학생들을 향한 시험이나 공부 압박, 강요는 너무나 일상적이기에 사실상 일제고사와 별반 다르지 않다.

여기에 더해 서울시에서는 2023년 3월, 기초학력진단평가 성적을 외부에 공개하는 내용의 '기초학력평가 성적 공개 조례'를 제정했다. 서울시교육청이 이에 반대하며 제소해 현재 집행이 정지되었고 대법원 판결을 기다리는 중이지만, 이런 상황들은 '학생이 기초학력을 갖추는 것' '학생을 공부시키는 것'이 한국 사회에서 얼마나 중요하고 당연하게 여겨지는지 보여준다.

## 학력은 당연히 중요한 걸까?

'학력學力'은 학습 능력academic ability, 곧 살아가면서 무언가를 배우고 익히는 (잠재적) 능력을 말하기도 하고, 학교나 학업적 영역에서의 성취를 이르는 학업 능력academic achievement을 일컫기도 해서 정의만 두고 보면 상당히 혼란스럽다. 영어권 국가들에서는 두 가지를 조금 더 엄밀히 분리해서 쓰지만 한국과 일본에서는 같은 한자로 두 의미를 모두 다루고 있다. 그러나 한국에서는 후자의 의미, 곧 학교에서 제공하는 교육의 결과 얻게 된 성취도(시험 성적)를 이르는 말로 주로 사용한다.

학력 향상은 통상적으로 '보수 진영에서 주로 강조하는 의제'라는 이미지가 강했지만, 실은 '진보 교육감'의 선거공보

물에서도 어렵지 않게 찾을 수 있는 이슈다. '학생들의 성적을 올리겠다' '공교육이 학생들의 성적을 책임지겠다' 등 방법을 막론하고 학생들의 학업성취도 향상을 도모하는 것 자체는 정치 성향을 떠나 모두 긍정적인 것으로 생각한다.

학교는 일대일 교습을 하는 곳이 아닌 만큼 학교의 속도에 따라가지 못하는 학생은 존재할 수밖에 없다. 내용이 어려워서일 수도 있고, 학생의 환경, 개인적 사고나 사건 등의 사정이 있을 수도 있고, 학교에서 배우는 방식 자체가 개인에게 적합하지 않을 수도 있다. 이유와 원인은 여러 가지다. 이에 대한 공교육의 대안은 대개 보충수업, 방과 후 교실, 야간자율학습 등 같은 내용을 반복해 학습하게 하고, 공부시간을 늘리거나 시험을 더 자주 치르게 하는 것이다. 이 때문인지 초등학교에서 시험을 없앴을 때 학생들의 성적 하락을 우려하는 목소리가 무수했다.

## 학생을 '들들 볶는' 학력 정책

교실에서 전혀 이해할 수 없는 내용의, 따라가기 벅찬 난이도의 수업을 들으며 장시간 앉아 있어야 하는 상황은 분명 괴롭다. 따라서 학습 내용의 이해와 성취를 돕는 것은 필요하고, 학생 생활에도 도움이 된다. 하지만 현재의 교육제도에서는 기초학력의 기준과 목적이 어떤 것이어야 하는지에 대한 논의가 그다지 활발하지 않다. 그저 시간이 지날수록 기준이 급격히 상향되고 있을 뿐이다.

예전에는 기초학력이 초등학교에서 배우는 교과를 이해하는 정도(간단한 사칙연산이나 한글을 말하고 읽고 쓰는 정도, 한국의 정치가 어떤 제도를 채택하고 있는지 등)를 말했다면, 지금은 기초학력의 정의와 내용을 법의 영역으로 가져와서 각 학교급, 학년별로 촘촘히 설정하고 이를 성취하도록 하겠다고한다. 범위도 늘어나고, 난이도도 올라가고 있는 것이다.

이를 가장 눈에 띄게 보여주는 것이 영어 교육인데, 20여 년 전에는 초등학교 고학년부터 영어를 배우기 시작해서 간단한 단어나 표현을 소개하고 짧은 문장이나 글을 읽도록 하는 정도였지만, 시간이 흐르면서 시작 학년이 낮아지고, 사회적으로는 초등학교에 들어가기 전에 영어를 배우는 것이 일반적 현상이 되었다. 한국의 수능 영어 문제를 영어권 사람들도 풀지 못한다는 이야기는 유명하다.

20년간 인류의 뇌가 급격히 발달해서 현재의 학생들이 예전의 학생들에 비해 더 많은 내용, 더 어려운 내용을 수월하게 받아들일 수 있게 된 것일까? 사회가 급격히 변화해 더 복잡하고 어려운 내용을 배우지 않으면 일상생활에 어려움을 겪게 되어서일까? 애초에 모든 아동·청소년이 학업적으로 성공하기를 요구하는 것이 과연 타당한 걸까?

생활에 꼭 필요한 영역의 학습에 대해 기준을 설정하고 이를 따라가기 어려워하는 학생에게 도움을 주는 일은 필요하다. 사람은 배우는 속도가 모두 다르기 때문이다. 하지만 '기초학력 미달'인 학생의 수와 비율을 측정하고 그 증감률을 따지는 것은 그다지 유용해 보이지 않는다. 물론 어떤 교수법에 문제가 있어서 혹은 내용 자체의 난이도가 너무 높아서 대부분의 학생이 그 학습 내용을 이해하지 못한다면 평가 자료를 참고해 교수법을 바꾸거나 학습 난이도를 조정할 수는 있을 것이다. 하지만 지금의 교육정책은 낮은 성적을 거둔 학생에게 문제가 있으니 이를 고쳐야 한다고 상정하고 있다. 심지어 학력 진단 결과를 외부에 공개하는 것이 기초학력 미달 비율을 줄이는 방법이라는 발상은 학력이 낮은 것을 도울 일이 아니라 부끄럽고 잘못한 일로 치부하겠다는 의미다.

실제로 이명박 정부 시절 일제고사 점수를 공개하고 성적이 좋은 순으로 각 학교에 차등적 인센티브를 지급한 결과 학교는 학습에 어려움을 겪는 학생을 늦게까지 학교에 남겨두거나 시험 예상 문제를 풀게 하는가 하면 성적을 조작해 평균을 끌어올리려다 무더기로 적발되기도 했다. 결과적으로 기초학력 미달자 '비율'이 줄어든 것과 별개로 학생들은 필요한 도움을 받기는커녕 인권침해를 경험했을 뿐이다.

## '기초학력 미달 제로'는 잘못된 표어

시험을 학력 향상의 도구로 쓰는 것은 학생들이 시험 성적을 올리기 위해 더 많은 시간을 공부에 투자할 것이라는 전제 아래에서 가능한 일이다. 그러나 시험을 보는 행위 자체는 학력 향상에 그다지 도움이 되지 않는다. 시험은 다시 배우는 과정도, 이해를 돕는 과정도 아니다. 단지 학생이 성취한 것을 점수라는 지표로 환산하는 작업에 가깝다.

학생들이 성적을 높이려고 애쓰는 것은 거둔 성적에 따라 생활의 결과가 달라져서다. 시험을 못 본, 성적이 낮은 학생은 학교에서 곱지 않은 시선(매우 둥글게 말하면)을 받고, 양육자에게 혼나거나 용돈이 깎이기도 한다. 그 성적이 입시에 활용되는 것일 때는 더 치명적이다. 또 한국에서는 규격화된 시험 점수가 좋지 않으면 지능이 낮다고 판단하는 경우가 많아서 '머리 나쁜 사람' 취급을 받는다. 지능이 낮은 것이나 배우는 속도가 더딘 것을 욕으로 삼는 것은 차별적이지만, 매우 흔한 게 사실이다.

배울 의욕을 높이거나 배우는 과정이 즐거워서 기꺼이

학습에 참여하도록 이끄는 것이 아니라, 실패에 대한 두려움을 주지시킴으로써 억지로 학습하게 만드는 것이 교육이라면, 과연 사회는 모든 청소년에게 이를 강요해도 되는 걸까?

오늘날 한국 교육은 삶이나 직업에 필요한 지식을 전달하는 장이 아니라 윗사람이나 제도가 요구하는 바를 성실히 수행해야 한다는 점을 가르치고, 그 결과에 뒤따르는 상벌을 동기 삼아 학생들을 촘촘하게 '변별'하는 도구로 작동하고 있다. 이런 상황에서 기초학력은 본래의 의미를 잃는다.

학력을 높여주겠다는 말은 학교에서 제공하는 교육을 학생들이 누릴 수 있도록 그들의 삶의 질을 향상시키겠다는 것이 아니라, 입시를 잘 치르도록 해주겠다는 선거용 공약에 지나지 않는다. 입시가 상대평가이기에 모두가 상위 성적을 올릴 수 없다는 점을 감안하면, 이 공약은 거짓말이다.

기초학력 미달자가 많아진다거나 학력이 저하되고 있다는 것은 학교 시스템, 교육 시스템이 학습 내용을 학생들에게 제대로 전달하지 못하고 있거나, 감당하기 힘들 정도로 학습 내용이 어려워지고 있다는 의미다. '학력 저하'라는 우려가 기초학력 미달인 학생들에게 창피를 주거나 시험을 위한 공부를 강제할 이유가 될 수는 없다. 따라서 기초학력 미달인 학생의 '비율'을 줄이는 것은 개별 학생의 교육권 보장에 아무런 도움이 되지 않는다. 한국 사회는 "기초학력 미달 제로" 같은 표어를 내세우기 이전에 기초학력의 기준이 무엇인지, 이 기준이 어떤 의미를 가져야 학생들의 교육권 보장에 도움이 되는지 먼저 돌아봐야 할 것이다.

# '교권 강화'라는 잘못된 표지판부터
# 떼내야 한다

권위는 교사 개인이 아닌
교육과 학교에 실려야

한 초등 교사의 죽음 이후 교사들이 겪는 어려움에 관해 많은 성토가 오가고 있다. 그런 와중에 가장 크게 들리는 단어는 바로 "교권 강화"다. 정치권도, 언론도 이런 사건이 일어난 이유가 '교권 실추' 때문이라며 교권을 강화해야 한다는 주장을 반복한다. 심지어 교육부 장관과 대통령까지 나서 교권 강화를 위해서라며 학생인권조례를 후퇴시키겠다는 입장을 내놓았다. 사건과 직접적 인과관계가 없는 학생인권조례를 공격하는 데 혈안이 되어 있는 정부·여당의 모습은 과연 문제를 해결하려는 의지가 있는지, 대체 인권을 무엇이라고 생각하는지 눈을 의심케 한다.

그런데 도대체 '교권'이란 무엇일까? 교권이라는 말은 너무나 많이 쓰이지만, 그 의미와 내용이 무엇인지는 한국 사회에서 제대로 합의되지 않았다. '교원의 지위 향상 및 교육 활동 보호를 위한 특별법'에는 "교권보호위원회" "(교육 활동 침해 발생 시) 교권 회복에 필요한 조치" 같은 문구가 들어 있지만, 교권이 무엇인지는 구체적으로 정의하지 않았다. 그렇기에 그저 막연히 '교사를 위한 것' '교사의 지위나 권익'을 가리키는 뜻으로 남용될 수 있다. 또 바로 그런 점에서 심각한 문제를 내포하고 있다.

## '교권'은 권력이자 희생을 강요하는 것

잘 알려져 있듯이 과거의 교권 개념은 근대적인 동시에 전근대적인 것이었다. 주로 인격적 측면에서 교사의 우월함과 교사-학생 사이의 상하관계, 존경심을 강조하는 맥락의 교권은 군사주의적이고 나이주의적인 학교의 질서와 '교사 성직자론' '유교문화'가 결합되어 있는 권위이자 권력이었다.

이런 교권 개념은 이면에서는 교사에게 희생을 강요하는 것이기도 했다. 교사들은 임금과 처우가 열악하더라도 열정과 애정을 가지고 헌신할 것을 요구받았다. 이는 교사들의 권리 주장에도 걸림돌이었다. 대표 사례로 1989년 전교조가 출범했을 당시, 교사도 노동자라며 노조를 만드는 것이 교권을 실추시킨다는 언설을 불러일으켰다. 교사들이 노동조건 개선이나 정치 참여의 권리를 주장하는 것은 '선생님답지 못하다'는 인식이 존재했다. 전교조는 관리자에게 수업 내용을 간섭받지 않을 권한이나 평가권으로 교권을 개념화하고 싶어 했지만 그런 교권 개념은 사회적으로 널리 수용되지 못했다.

이런 성격의 교권 논의가 옛날 일이라고만 볼 수는 없다. 지금도 교사들에게는 파업권이 없고 한국 사회에는 전교조가 노조 활동을 한 탓에 교권이 실추되었다고 믿는 이들이 아직도 적지 않다. "교사는 있지만 스승은 없어서 문제" "아이들을 사랑하는 것이 교육 문제의 해답" 따위의 교사의 인격적 뛰어남과 헌신을 교육 문제의 해법으로 제시하는 문구도 언론에서 어렵지 않게 찾아볼 수 있다. 좋은 교사상은 학생을 위해 헌신하는 교사로 이야기된다.

현행법상 '교권 침해' 역시 학생과 그 보호자(학부모)에 의한 것으로 규정되어 있어서 교권의 개념은 여전히 학생에게 향해 있다. 그러므로 교권 담론은 예나 지금이나 학생에 대한 교사의 우월성에만 초점을 맞추며 정작 교사의 권리나 노동조건 문제를 논하는 것을 방해해왔다고 해도 그리 틀린 말이 아니다.

## 학생인권의 대립항으로서 교권

이제 교권 담론은 변화에 대응하고 방어하는 논리로 등장하고 있다. 1990년대 중·후반, 학생들이 수업을 제대로 듣지 않고 교사에게 맞서는 현상이 나타나면서 '학교·교실 붕괴' 논의가 일어났다. 그와 동시에 그 원인이 '교권 실추'에 있다는 목소리가 높아졌다. 이때부터 교권은 끊임없이 위협받고 실추되는 것으로, 수호하고 강화해야 하는 것으로 소환되었다.

그런데 그렇게 지켜져야 하는 교권의 실체는 무엇이었을까? 1999년 한 언론 기사에는 "몽둥이를 들고 다니는 교사의 수업시간에는 학급 붕괴 현상이 거의 없다"라는 교사의 멘트가 나온다("스스로 매질할 규범 만들자", 〈경향신문〉, 1999년 5월 10일자). 학교 붕괴에 대응하는 개념으로 교권을 이야기하며, 그 실체를 폭력에 의한 공포와 통제로 가시화한 대목이다. 이미 이때부터 학교교육이 삐그덕거리는 것의 원인을 '교사가 학생에게 폭력·강제력을 행사하지 않아서'라고 이야기했음을 알 수 있다.

그 이후로도 교권 담론은 주로 체벌 금지 주장, 학생인권운동, 스쿨미투운동, 아동학대 관련 법 강화 같은 이슈들의 대립항으로 위치하며 활성화되어왔다. 학생인권, 스쿨미투,

아동학대 관련 법에 따라 학교에 변화가 촉구될 때, 교사들이 압박을 받을 때 방어하는 논리로서 교권이 활용되었다는 이야기다(하영, "교권을 둘러싼 프레임은 어떻게 변화해왔나", 〈오늘의 교육〉 75호, 2023). 예컨대 스쿨미투운동에서 가해자로 지목된 교사들은 자기 행위가 지도·교육의 일환이었다고 언급했고, 스쿨미투운동으로 '교사들이 겁나서 학생을 지도할 수 없으며, 교권이 실추되고 있다'라는 목소리가 교총, 언론 등을 통해 제기되었다.

그러므로 교권은 옛날부터 지금까지 역사적으로 학생인권과 대립하는 개념이었다. 학생에 대한 권력이자 학생인권을 침해·제한할 수 있는 힘이었다. 이 점이 '교사의 인권'이나 '노동자로서의 권리'라는 말 대신 '교권'이라는 단어가 굳이 계속해서 쓰이는 이유이기도 하다. '교사의 인권'이 아니라 '교권'으로 문제를 바라보게 되면, 교사가 부당한 일을 당하지 않게 보호하라는 소극적 의미가 아니라, 학생을 향한 어떤 행위를 적극 허용하라는 식의 논의로 흐르기 십상이다. 아동학대 관련 논란에서도 교사가 사법절차에서 부당한 불이익을 당하지 않을 권리를 보장하라고 요구하는 것 이상으로 교원단체들이 '정당한 교육 활동에 아동학대 처벌 적용을 면제해달라'는 등의 주장을 한 것은 교권 담론의 필연적 연장선이었을지 모른다.

여러 사람이 학생인권조례를 옹호하면서 '교권과 학생인권은 상충하지 않는다'라는 표현을 사용하곤 했지만, 안타깝게도 실은 상충하지 않는 것이 아니다. 교권은 본래부터 학생을 향해 있는 권력이었고, 학생과 보호자에 의해 위협받고 실추당하는 것으로, 학생인권의 대립항으로서 그 의미를 가져왔기 때문이다. 그렇기에 학생인권에 상충하는 교권은 폐기되어야 한다. 인권을 침해하는 데 쓰이거나 인권과 대립하는 권력 또는 권한이 민주주의 사회에서는 설 자리가 없는 것은 당연하다.

교권을 '교사의 교육권'이나 '가르칠 권리'로 대체하자는 주장도 있지만 그것으로 교권 개념의 문제가 해결되지는 않는다. 교사에게 교육권이 있다는 말은 곧 학생이 그에 대해 배울 의무가 있다는 함의를 가진다. 최근 학생이 수업시간에 잠을 자는 것이나 딴짓을 하는 게 교권 침해라는 교육부의 해석과 언론 보도가 이어졌다. 이처럼 학생의 수업 불참이 곧 교사의 권리를 침해한다는 이상한 논리가 나오는 건 교권·교육권 논리의 자연스런 귀결이다. 교사를 교육의 주체로, 학생을 교육의 대상으로 보는 교육관의 반복이라는 점에서도, 교사가 학생에게 강제력을 행사할 수 있어야 한다고 여기는 건 마찬가지라는 점에서도 교권을 '가르칠 권리'로 대체하는 건 그리 새롭지 않다.

## 교권이라는 표지판을 내리자

물론 교사에게는 필요한 권리들이 있다. 최근 문제가 된 경우들은 대부분 교사가 폭력을 당하거나 부당한 압력을 받거나 과중한 노동을 강요받는 등 교사의 인권이나 노동권이 보장받지 못한 사례다. '독박 교실'을 당연시하는 교직 사회 내 문화와 체계, 부당한 폭력이나 요구로부터 노동자를 보호하지 않는 학교, 파업권이나 정치적 권리조차 없는 교사들의 상황이 그 배경에 있다. 이런 권리 말고도 교사로서 교육에 관해 보장받아야 할 것들이 있다. 가령 헌법상 교육의 자주성·전문성·정치적 중립성으로부터 도출된 수업이나 평가, 교육과정에서의 자율성과 독립성이 그렇고, 이를 위해 교사에게 주어지는 특권이나 재량권도 있다. 이는 교사 개인의 권리라기보다는 교육체계 속에서의 권한과 역할이다.

한국 사회의 교권 논의에서는 이런 구체적인 권리와 가치는 뒤로 미뤄둔 채 포괄적이고 애매한 의미의 교권만 교육의 핵심인 양 이야기되는 일이 너무나 많다. 교권 실추와 학교 붕괴가 함께 쓰이는 데서 알 수 있듯이 오래전부터 교권은 학교의 질서와 동일시되곤 했다. 이런 논리는 교사에게는 권리를, 학생에게는 의무를 부과해 학교를 작동시키겠다는 전제를 깔고 있다. 하지만 학생에게 "교사가 가르치는 대로 배울, 공부할 의무가 있다"라고 규정하면 학생들이 교육에 열심히 참여할 것이라고 상정하는 것은 현실적이지도, 효과적이지도 않다. 학생은 교육의 주체이고, 교육 활동이 원활하려면 학생들이 자발적으로 참여해야만 한다. 그러려면 적어도 학교교육이 의미 있고 존중할 만하다는, 교육 참여가 좋은 일이고 감당할 만하다는 인식이 공유되어야 한다. 이른바 학교 붕괴, 교육 불가능 현상은 현 사회에서 학교교육이 갖는 의미가 변질되고 약화되면서 초래된 결과다. 이를 해결하려면 결국 사회와 교육이 바뀌어야 한다.

교권 강화에 방점을 찍는 접근법은 단지 교사가 학생에게 행사할 수 있는 권력을 강화하면 문제가 해결될 것이라고 믿는 것이다. 과거의 교권 개념은 교사들이 권리를 보장받거나 노동조건을 개선하는 것을 가로막아왔고, 교사 개인이 헌신하면 된다는 논리여서 문제였다. 최근의 교권 담론은 그 정도까지는 아니지만 교사에게 법적 재량권을 더 부여하거나 학생과 보호자에게 더욱 강한 강제력을 행사할 수 있게 하면 문제가 해결될 것이라고 본다는 점에서 그 한계가 뚜렷하다.

곧 교권은 예나 지금이나 교사를 위하는 척하지만 교사의 구체적 권리는 가린 채 교육의 문제를 호도하는 효과를 발휘한다. 말하자면 '교권 강화'라는 커다란 표지판은 우리가 교육 문제를 제대로 바라보고 논의할 수 없도록 잘못된 방향을 가리키고 있는 셈이다.

학생들의 교육권 실현을 위해서도, 교사의 인권 보장을 위해서도 문제를 바라보는 프레임과 초점을 달리해야 한다. 교사의 교육 행위가 아니라 교사의 존재 자체를 보호하기 위해 교사의 '전문가로서의 권위'가 아닌 인권과 노동조건에, 그 취약성에 주목해야 한다. 교사 개인에게 힘을 실어주는 것이 아니라 학교라는 시스템이 함께 지원하고 책임을 공유하는 데 주력해야 한다. 그러므로 권위를 가져야만 하는 것은 교사가 아니라 바로 교육과 학교, 그 자체다. 우리에게는 교육 활동의 의미와 가치를 신뢰하고 존중한다는 의미에서 '공교육의 권위'가 필요하다. 그런 신뢰를 쌓아가려면 학생인권 존중, 교사 노동조건 보장과 같은 가장 기본적인 숙제부터 해결해야 함은 물론이고, 우선 '교권 강화'라는 잘못된 표지판부터 떼내야만 하는 것이다.

# 가해자 처벌한다고
# '학폭'이 사라질까?

학생 간 폭력을 말하기 위한 조건

근래 한국 사회에서 '학교폭력'은 뜨거운 감자였다. 학생 간 폭력을 당했던 피해자가 가해자 집단에게 사적 복수를 하는 넷플릭스 드라마 〈더 글로리〉가 흥행하고, 정순신 변호사의 아들 사건이 수면 위로 떠오르면서 가해자에 대한 엄중한 처벌이 요구되었다. 이에 교육부는 학교폭력 가해자의 징계이력에 대한 학교생활기록부 기록 보존을 강화하고 대학 입시에 반영하겠다고 밝혔다. 하지만 가해자를 이런 식으로 처벌하고 응징한다고 해서 학교폭력이 사라질 리 없다.

## '학교폭력'이 말하지 않는 것

학교폭력은 '학교'와 '폭력'의 합성어로 일반적으로 학생 간 관계에서 일어난 폭력 문제로 정의된다. '학교폭력 예방 및 대책에 관한 법률'만이 아니라 학계에서도 대체로 학생 간 폭력으로 해석한다. 학교 내외에서 일어난 폭력이 문제라면, 사실 검토해야 할 대상은 학생 간 폭력만이 아니다. 교사에 의한 학생 폭력은 물론이고, 입시 경쟁 체제에서 일어나는 억압과 배제, 여러 사회적 범주(나이, 인종, 계급, 성 정체성 등)에 따른 차별 등 모든 요소가 종합적으로 검토되어야 마땅하다. 하지만 학교폭력은 오직 '학생 간 폭력'으로 규정되어 학교에서 일어나는 폭력을 그 범주의 의미로만 여기게 만들었다. 그리고 그 외의 폭력들은 다른 이름을 가진 규범이 되어 결국 학교라는 공간 자체가 갖는 폭력성을 은폐해왔다. 교사에 의한 폭력이 여전히 '체벌'이라는 이름으로, '교육 상 필요'나 '교내 질서 유지'라는 명목으로 관대하게 여겨지는 것처럼, 입시 경쟁 교육이 학생들에게 타인을 존중하지 못하는 태도를 가르치지만 어쩔 수 없는 문화로 간주되는 것처럼 말이다.

학교는 서열화되어 있고, 갈등을 폭력에 의존해 해결하려는 구조다. 학교와 교사의 말을 듣지 않는 학생은 훈계나 벌점, 체벌, 징계 같은 벌칙을 부과받게 되고, 입시 위주 교육과

권위주의적 문화는 학생 개인의 다양한 사고나 행동을 무시하고 규격화함으로써 다양한 '차이'를 인정하지 않게 만든다. 이런 문화에서 계급과 학업 성적, 외모, 인종, 장애, 성 정체성 등 차별의 힘은 강하게 작동하고, 갈등과 서열은 힘의 논리에 지배받게 된다. 학생 간 폭력 역시 이와 무관할 수 없다.

하지만 학교폭력은 이런 구조적 문제의 영향을 배제한다. 단지 학생을 선도해야 하는 존재로 바라보며, 문제의 핵심을 학생 개인의 행위와 인성으로 파악한다. 이는 언론에서 반복적으로 '학교폭력이 흉포화되고 있다'라며 심각성을 강조하면서 학생을 문제적 존재로 만드는 모습에서도 확인할 수 있다. 하지만 학생 간 폭력이 학교에서 일어나는 여러 폭력 현상들 가운데 하나라는 점과 왜 교사의 폭력이나 비청소년 간 폭력과는 다르게 흉포한 이미지로만 확산되는지는 이야기되지 않는다. 가해 학생이 어떤 끔찍한 행동을 저질렀는지에 초점을 맞추고, 선도를 위해 어떤 징벌이 필요한지만 말할 뿐이다. 왜 그런 행동을 했는지 자세하게 들여다보지 않는다.

그런 판단 위에 만들어진 법률이나 관련 조치들은 학생 간 관계의 복잡성을 무시하고, 사법과 행정의 통제 안에서 절차적 해결에 기대게 해 학생들이 스스로 관계를 꾸려갈 기회를 앗아가버린다. 물론 당사자들끼리 풀기 힘든 문제가 있어

중재자가 필요하거나, 괴롭힘이 힘들어 도움이 필요한 경우도 있다. 하지만 의도적으로 계속된 괴롭힘과 장난에서 시작한 충동적 싸움은 엄연히 다르고, 모든 갈등의 스펙트럼에 학교와 교사의 개입이 필요한 것도 아니다. 특히 학교폭력이라는 이름이 낙인적 수치심을 줄 수 있을 정도로 무게를 갖는 요즘, 학생 간 갈등이나 피해가 '학교폭력'이라는 하나의 단어로 묶여 동일한 층위로 해석된다면 학생 간 관계는 더 납작해지고 공동체적 해결은 어려워질 것이다.

정말 학생 간 폭력이 걱정된다면 타인을 존중하는 태도와 갈등에 비폭력적으로 대처하는 방법을 배울 수 있는 문화를 조성하는 것부터 시작해야 하지 않을까. 명령과 복종에 기반하는 학교의 질서와 비민주적 의사결정 구조를 변화시키지 않는다면, 일상에서 학생들이 인권을 존중하고 존중받는 경험을 하지 못한다면 학교폭력 문제는 나아질 수 없을 것이다.

## 엄벌주의는 결코 해결책이 될 수 없다

학생 간 폭력을 '예방'하겠다는 논의들은 가해자 법적 처벌, 생기부 기재, 학생 간 폭력 가해 전력을 입시에 반영하는 것 등 가해자에게 어떤 조치를 취할 것인가에 초점이 맞춰져 있다. 하지만 가해자가 응보를 받아야 한다는 식의 접근으로는 이 문제를 근본적으로 바로잡을 수 없다. 목표는 이미 일어난 피해를 회복시키는 것이어야 하고, 그러려면 피해자가 회복할 수 있는 환경을 만드는 것부터 시작해야 하기 때문이다. 그것은 단순히 피해·가해자를 분리시키는 '피해자 보호'로 되는 게 아니다. 피해자가 문제 해결 과정에 참여해 자기 삶을 스스로 통제하고 박탈당한 통제력을 되찾음으로써 자율성을 경험하고 일상을 회복할 수 있을 때 가능하다. 하지만 현재 학생 간 폭력을 해결하는 절차나 논의 방안에서 당사자인 학생은 개입할 수 없다. 고작해야 전담기구가 조사할 때나 심의위원회가 열렸을 때 의견 진술의 기회가 제공될 뿐이다.

　피해자가 일상을 회복하기 위해서는 피해 사실의 지배에서 벗어나야 한다. 그 과정에서는 본인이 겪은 일이 잘못된 일이라는 확인과 주변인들의 지지가 필요하다. 피해자에 대해서는 상태 파악과 신변 보호, 상담을 통한 정서적 지지받기 등이 매뉴얼화되어 있긴 하지만, 사실상 신고를 하더라도 학교와 교사가 제대로 대응하지 못하는 경우가 많고, 개입을 꺼리기도 한다. 오히려 피해자에게도 잘못이 있다는 말이 오가면서 회복에 어려움을 겪는 경우도 많다. 학생 간 폭력 해결 과정에서 실질적으로 피해자가 할 수 있는 일이 없을 때에는 가해자에게 고통을 더하는 것이 피해자의 응분을 가라앉히는

데 도움이 되기는 할 것이다. 그러나 그것은 피해를 회복시키는 방법이 아니라 가해자를 처벌하는 방식이기 때문에 문제를 근본적으로 해결하는 적절한 조치라고 말할 수 없다.

가해자가 자기 행동에 책임을 진다는 것은 자기 행동이 다른 이에게 끼친 영향이 무엇인지 이해하고, 잘못을 바로잡을 방법을 고민할 때에라야 가능하다. 그런데 사법적 제재나 입시에 불이익을 주는 것은 오히려 가해자들이 사실을 인정하지 않도록 만들기 쉽다. 징계를 받은 뒤에는 합당한 처벌을 받았으니 죄는 지워진 것이라고 생각하는 이들도 있다. 엄벌주의는 가해자에게 도덕적 책임을 묻지 않는다.

또 가해자 보호자의 직업이나 부富가 사건에 영향을 주는 일도 종종 발생한다. 정순신 변호사 아들 사건에서 여러 법적 절차를 이용해 생기부 기재를 지연시킨 것처럼 말이다.

엄벌주의는 피해자나 가해자에게 긍정적 결과를 가져다주지 않는다. 학교가 갖는 차별적이고 폭력적 문화를 인권 친화적으로 변화시키고, 엄벌주의를 넘어 실질적인 피해자의 회복과 가해자의 책임을 언급할 때 학생 간 폭력 문제는 비로소 유의미한 논의의 영역으로 발을 내디딜 수 있을 것이다.

# 바로 지금, 청소년 인권을 말하다

1판 1쇄 찍음 2023년 10월 15일
1판 1쇄 펴냄 2023년 10월 25일

**지은이** 청소년인권운동연대 지음
**펴낸이** 천경호
**종이** 월드페이퍼
**제작** (주)아트인
**펴낸곳** 루아크
**출판등록** 2015년 11월 10일 제2021-000135호
**주소** 10881 경기도 파주시 회동길 480, 아트팩토리 NJF B동 233호
**전화** 031.998.6872
**팩스** 031.5171.3557
**이메일** ruachbook@hanmail.net

**ISBN** 979-11-88296-68-2  03300